吉林省矿产资源潜力评价系列成果，
是所有在白山松水间
辛勤耕耘的几代地质工作者
集体智慧的结晶。

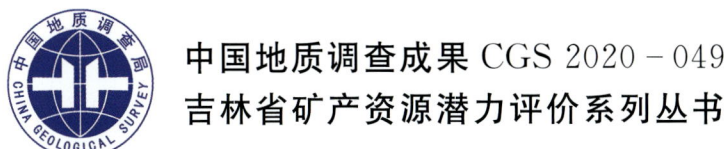

中国地质调查成果 CGS 2020-049
吉林省矿产资源潜力评价系列丛书

吉林省矿产资源潜力评价综合信息集成研究

JILIN SHENG KUANGCHAN ZIYUAN QIANLI PINGJIA ZONGHE XINXI JICHENG YANJIU

王立民 张 敏 徐 曼 苑德生 等编著

图书在版编目(CIP)数据

吉林省矿产资源潜力评价综合信息集成研究/王立民等编著.—武汉:中国地质大学出版社,2021.12
(吉林省矿产资源潜力评价系列丛书)
ISBN 978-7-5625-4931-4

Ⅰ.①吉…
Ⅱ.①王…
Ⅲ.矿产资源-资源潜力-资源评价-吉林
Ⅳ.①F426.1

中国版本图书馆 CIP 数据核字(2021)第 271771 号

吉林省矿产资源潜力评价综合信息集成研究	王立民 张 敏 徐 曼 苑德生 等编著
责任编辑:张 林	选题策划:毕克成 段 勇 张 旭	责任校对:张咏梅

出版发行:中国地质大学出版社(武汉市洪山区鲁磨路 388 号)	邮编:430074
电 话:(027)67883511	传 真:(027)67883580	E-mail:cbb@cug.edu.cn
经 销:全国新华书店		http://cugp.cug.edu.cn
开本:880 毫米×1230 毫米 1/16	字数:221 千字	印张:7
版次:2021 年 12 月第 1 版	印次:2021 年 12 月第 1 次印刷
印刷:武汉中远印务有限公司	

ISBN 978-7-5625-4931-4　　　　　　　　　　　　　　　　　　　　　　　定价:128.00 元

如有印装质量问题请与印刷厂联系调换

吉林省矿产资源潜力评价系列丛书编委会

主　任：林绍宇
副主任：李国栋
主　编：松权衡
委　员：赵　志　赵　明　松权衡　邵建波　王永胜
　　　　于　城　周晓东　吴克平　刘颖鑫　闫喜海

《吉林省矿产资源潜力评价综合信息集成研究》

编著者：王立民　张　敏　徐　曼　苑德生　宋小磊
　　　　庄毓敏　李任时　李春霞　袁　平　张红红
　　　　李　楠　马　晶　任　光　曲洪晔　王晓志
　　　　张艳岭　闫　冬　付　涛　岳宗元

前　言

为了贯彻落实《国务院关于加强地质工作的决定》提出的"积极开展矿产远景调查和综合研究,科学评估区域矿产资源潜力,为科学部署矿产资源勘查提供依据"的要求和精神,国土资源部于 2006 年部署了全国矿产资源潜力评价工作。

矿产资源潜力评价是一项重要的矿产资源国情调查。总体目标是摸清我国矿产资源种类、资源总量和空间分布,实现成矿地质理论和技术方法创新,培养一批综合型地质矿产人才,成果直接为国家制定矿产资源中长期发展规划提供依据。

本次吉林省矿产资源潜力评价中,需要评价的矿产有 17 种(煤炭、铁、金、铜、铅、锌、钨、锑、稀土、磷、镍、钼、银、铬、硫铁矿、萤石、硼),利用的资料包括从中华人民共和国成立之初到 2006 年底形成的所有地质调查和科研成果资料。参与的单位有吉林省地质调查院、吉林省区域地质矿产调查所、吉林省地质科学研究所。

吉林省矿产资源潜力评价项目下设 9 个分项目,"吉林省矿产资源潜力评价综合信息集成"是 9 个分项目之一,主要承担基础地学数据库更新与维护、专题属性数据库建设及支撑、成果集成数据库建设及人才培养等任务。

在矿产资源潜力评价项目办的总体部署和精心组织下,项目组全体成员历时 8 年,全面完成了项目规定的各项任务。

本书是关于"吉林省矿产资源潜力评价综合信息集成"的总结,由前言、正文、结语、参考文献组成,各章节编写分工如下:

前言由王立民编写。

第一章"项目概况"由王立民、张敏、马晶编写。

第二章"主要成果"由王立民、苑德生、李任时、袁平编写。

第三章"相关地质数据库现状"由王立民、徐曼、张红红编写。

第四章"相关地质数据库维护"由王立民、任光、宋小磊编写。

第五章"矿产资源潜力评价专题属性数据库建设支撑"由王立民、闫冬编写。

第六章"矿产资源潜力评价成果数据库建设"由王立民、曲洪晔、袁平编写。

第七章"矿产资源潜力评价成果应用与服务简介"由王立民、张敏编写。

结语由王立民、张敏编写。

参考文献由王立民整理。

本书在编写过程中得到各分项目组的支持,以及相关领导的关心和帮助,在此一并表示感谢!

由于编著者水平有限,加之时间仓促,工作量大,书中难免出现疏漏,望读者批评指正并提出宝贵意见。

王立民
2020 年 8 月

目 录

第一章 项目概况 ·· (1)
  第一节 矿产资源潜力评价项目概况 ·· (1)
  第二节 潜力评价综合信息专题概况 ·· (2)

第二章 主要成果 ·· (4)
  第一节 基础地学数据库维护成果 ·· (4)
  第二节 潜力评价专题属性数据库建设成果 ·· (6)
  第三节 潜力评价资料性成果集成数据库建设成果 ·· (7)
  第四节 人才培养 ·· (8)

第三章 相关地质数据库现状 ·· (9)
  第一节 矿产地数据库 ·· (9)
  第二节 工作程度数据库 ·· (11)
  第三节 航磁数据库 ·· (15)
  第四节 区域重力数据库 ·· (16)
  第五节 区域地球化学数据库 ·· (18)
  第六节 1∶20万地质图空间数据库 ·· (21)
  第七节 1∶20万自然重砂数据库 ·· (24)
  第八节 1∶20万水文地质图空间数据库 ··· (26)

第四章 相关地质数据库维护 ·· (29)
  第一节 矿产地数据库维护 ·· (29)
  第二节 地质工作程度数据库维护 ·· (31)
  第三节 1∶20万区域地质图空间数据库维护 ·· (34)

第五章 矿产资源潜力评价专题属性数据库建设支撑 ·· (37)
  第一节 技术支持 ·· (37)
  第二节 专题属性数据库建设方法 ·· (38)
  第三节 专题属性数据库建设 ·· (44)
  第四节 专题属性数据库质量监控 ·· (65)

第六章 矿产资源潜力评价成果集成数据库建设 ·· (67)
  第一节 集成数据库软硬件环境 ··· (67)
  第二节 资料性成果汇总 ·· (68)
  第三节 集成数据库组织模式 ·· (68)
  第四节 集成数据库系统部署 ·· (70)
  第五节 集成建库具体实施 ·· (70)

  第六节 集成数据库汇总内容 ………………………………………………………………………（78）
  第七节 集成数据库质量评述 ………………………………………………………………………（95）
第七章 矿产资源潜力评价成果应用与服务简介 ……………………………………………………………（97）
  第一节 成果数据库应用与服务简述 ……………………………………………………………………（97）
  第二节 成果数据库应用与服务实例 ……………………………………………………………………（97）
第八章 结 语 ……………………………………………………………………………………………（99）
  第一节 主要工作成果 ………………………………………………………………………………（99）
  第二节 存在的问题及建议 …………………………………………………………………………（99）
参考文献 ……………………………………………………………………………………………………（101）

第一章 项目概况

第一节 矿产资源潜力评价项目概况

为了贯彻落实《国务院关于加强地质工作的决定》提出的"积极开展矿产远景调查和综合研究,科学评估区域矿产资源潜力,为科学部署矿产资源勘查提供依据"的要求和精神,国土资源部(现为自然资源部)部署了全国矿产资源潜力评价工作,并将该项工作纳入国土资源大调查项目。

"吉林省矿产资源潜力评价"是"全国矿产资源潜力评价"的子项目。

一、总体目标及任务

全面开展吉林省矿产资源潜力预测评价,在现有工作程度基础上基本摸清吉林省重要矿产资源"家底",为矿产资源保障能力和勘查部署决策提供依据。

(1)在现有地质工作程度基础上,全面总结吉林省基础地质调查和矿产勘查工作成果与技术,充分应用现代矿产资源预测评价的理论方法和 GIS 评价技术,开展吉林省非油气矿产,如煤炭、铁、金、铜、铅、锌、钨、锑、稀土、磷、镍、钼、银、铬、硫铁矿、萤石、硼等的资源潜力预测评价,估算矿产资源潜力及其空间分布。

(2)以成矿地质理论为指导,深入开展吉林省范围的区域成矿规律研究;充分利用地质、重力、磁测、化探、遥感和矿产勘查等综合成矿信息,圈定成矿远景区和找矿靶区,逐个评价其成矿远景区资源潜力,并进行分类排序;编制吉林省成矿规律与预测图,为科学合理地规划和部署矿产勘查工作提供依据。

(3)建立并不断完善吉林省成矿地质背景、成矿规律、重力、磁测、化探、遥感、自然重砂、矿产预测等工作的研究,编制各项工作的基础和成果图件,建立吉林省矿产资源潜力评价相关的地质、矿产、重力、磁测、化探、遥感、重砂专题数据库,为今后开展矿产勘查的规划部署研究奠定扎实的信息基础。

(4)培养一批综合型地质矿产人才。

二、总体预期成果

(1)煤炭、铁、金、铜、铅、锌、钨、锑、稀土、磷、镍、钼、银、铬、硫铁矿、萤石、硼等矿产的资源潜力评价报告。

(2)成矿地质背景、成矿规律及矿产预测,以及重力、磁测、化探、遥感、自然重砂、综合信息集成等专题成果报告。

(3)成矿地质背景、重力、磁测、化探、遥感、自然重砂和成矿规律及矿产预测等成果图件。

(4)矿产资源潜力评价成果专题属性数据库。

三、组织机构

（1）项目承担单位：吉林省地质调查院。该项目由吉林省地质调查院院长赵志主抓，全面负责。项目组设置项目负责人。

（2）项目负责人：松权衡。

（3）项目总工程师：于城。

（4）省级项目组下设9个专题组：①成矿地质背景研究专题组；②区域成矿规律专题组；③矿产预测专题组；④重力资料应用专题组；⑤磁测资料应用专题组；⑥化探资料应用专题组；⑦遥感资料应用专题组；⑧自然重砂资料应用专题组；⑨综合信息集成专题组。

四、管理职责

1. 项目领导小组

（1）把握吉林省项目工作大方向，掌握吉林省项目总体目标任务的实现，对组织实施过程中目标任务的实现提出具体要求，最终批准吉林省项目总体设计和年度设计。

（2）对吉林省项目预期成果提出具体要求，并负责成果最终验收。

（3）对吉林省项目经费落实提供保障。

（4）在吉林省项目实施过程中，负责协调有关单位之间的关系；出面疏通各方面数据资料的提供，确保项目顺利实施。

（5）对吉林省项目实施过程中发生的其他重大事项作出决策。

2. 项目承担单位吉林省地质调查院

（1）把有关项目组的管理纳入本单位重点项目管理范畴，加强管理。

（2）明确本单位有关项目组主管领导人，具体负责落实总项目对各项目组的要求，对本单位合同执行情况负责。

（3）按项目任务要求落实项目组人员组织，严格按有关规定提供项目经费保障，提供办公设施、基本装备等条件保障。

项目起止时间：2007—2013年。

第二节 潜力评价综合信息专题概况

本专题名称：吉林省矿产资源潜力评价综合信息集成专题。

综合信息集成专题是潜力评价项目9个专题之一，其目标及任务如下。

（1）全面完成吉林省基础数据库维护。

（2）完成吉林省1∶25万地质实际材料图、建造构造图、大地构造相图数据库。按《全国矿产资源潜力评价省级资料性成果图件及属性库汇总技术方案》要求完成铁、金、铜、铅、锌、钨、锑、稀土、磷、镍、钼、银、铬、硫铁矿、萤石、硼矿种的成矿地质背景、规律、预测、重力、磁测、化探、遥感、重砂专业的图件属性数据库。

（3）吉林省矿产资源潜力评价资料性成果集成建库。

（4）完成吉林省矿产资源潜力评价综合信息集成专题成果报告。

由于潜力评价涉及的专业多，工作量巨大，为较好完成任务，项目组人员组成尽可能包括建库所涉及的各类专业人员，具体人员组成及分工情况如表1-2-1所示。

表 1-2-1　吉林省矿产资源潜力评价综合信息集成专题组成员及分工表

序号	姓名	性别	职称	专业	工作单位	项目分工
1	王立民	男	研究员	化探	吉林省地质调查院	专题负责人
2	张艳玲	女	研究员	地质	吉林省区域地质矿产调查所	地质背景数据库建设
3	曲洪晔	女	工程师	地质	吉林省地质调查院	地质背景数据库建设
4	马晶	女	工程师	资源勘查	吉林省地质调查院	背景数据库建设、汇总
5	任光	女	高级工程师	水文	吉林省地质调查院	背景、重砂数据库建设
6	王晓志	男	工程师	计算机	吉林省地质调查院	背景数据库建设
7	李任时	男	工程师	计算机	吉林省地质调查院	化探、重砂数据库建设
8	李春霞	女	研究员	水文	吉林省地质调查院	重砂、化探数据库建设
9	张敏	女	工程师	地质	吉林省地质调查院	规律与预测数据库建设
10	徐曼	女	工程师	地质	吉林省地质调查院	规律与预测数据库建设
11	宋小磊	男	工程师	地质	吉林省地质调查院	规律与预测数据库建设
12	闫冬	女	工程师	地质	吉林省地质调查院	规律与预测数据库建设
13	庄毓敏	女	高级工程师	测量	吉林省地质调查院	物探数据库建设
14	苑德生	男	工程师	地质	吉林省地质调查院	物探数据库建设
15	王皓	男	助理工程师	物探	吉林省地质调查院	物探数据库建设
16	杨添惠	女	助理工程师	地质	吉林省地质调查院	物探数据库建设、汇总
17	袁平	女	高级工程师	地质	吉林省地质调查院	遥感数据库建设
18	张红红	女	工程师	遥感	吉林省地质调查院	遥感数据库建设
19	李楠	女	工程师	遥感	吉林省地质调查院	遥感数据库建设
20	齐岩	男	工程师	地质	吉林省地质调查院	数据库汇总
21	王鹤霖	男	助理工程师	地质	吉林省地质调查院	地质背景数据库建设
22	岳宗元	男	助理工程师	地质	吉林省地质调查院	地质背景数据库建设
23	付涛	男	助理工程师	地质	吉林省地质调查院	地质背景数据库建设
24	赵娟	女	工程师	测绘	吉林省区域地质矿产调查所	地质背景数据库建设
25	任军丽	女	工程师	地质矿产	吉林省区域地质矿产调查所	地质背景数据库建设
26	代丽霞	女	工程师	测绘	吉林省区域地质矿产调查所	地质背景数据库建设
27	胡红霞	女	助理工程师	计算机	吉林省区域地质矿产调查所	地质背景数据库建设
28	郭嘉琨	女	助理工程师	计算机	吉林省区域地质矿产调查所	地质背景数据库建设
29	孙喜庆	男	助理工程师	地理信息	吉林省区域地质矿产调查所	地质背景数据库建设
30	刘爱	男	研究员	地质	吉林省区域地质矿产调查所	地质背景属性填写
31	戴薪义	男	高级工程师	地质	吉林省地质科学研究所	规律、预测属性填写

第二章 主要成果

吉林省矿产资源潜力评价综合信息集成专题的成果主要包括基础地学数据库维护、潜力评价专题属性数据库建设、潜力评价资料性成果集成数据库建设三方面成果。

第一节 基础地学数据库维护成果

一、矿产地数据库

吉林省矿产地数据库由吉林省地质调查院承建，于2002年建成，资料截至2000年，并逐年更新至2010年底，数据资料来源多为吉林省地质矿产勘查开发局系统内保存的资料或矿产勘查成果，数据质量良好，可基本反映吉林省矿产资源总体情况。现数据库中收集金属、多金属矿床、矿点、矿化点892处。该库采用Access格式保存数据，数据库存放单位为吉林省地质调查院。

2008年矿产地数据库维护工作：补充了吉林省2006年12月前的矿产地数据，新增矿产地数据共计346处。

2010—2011年矿产地数据库维护工作：补充了吉林省2009年12月前的矿产地数据，新增矿产地数据共计81处。

2012年矿产地数据库维护工作：补充了吉林省2010年12月前的矿产地数据，新增矿产地数据共计27处。

二、工作程度数据库

吉林省工作程度数据库建成于2002年底，经过多年更新维护，通过中国地质调查局组织的全国范围检查验收。此库建库时完全依照《工作程度数据库建库技术要求》实施。资料收集日期截至2011年底。原库中最初收集资料2095份，经逐年更新维护，现在数据库数据2842份。该库数据结构完整，资料齐全，数据录入准确。

2008年工作程度数据库维护工作：补充了吉林省2006年12月前的工作程度数据，新增和维护工作程度数据共计635份。

2010年工作程度数据库维护工作：补充了吉林省2009年12月前的工作程度数据，新增和维护工作程度数据共计745份。

2011年工作程度数据库维护工作：补充了吉林省2010年12月前的工作程度数据，新增工作程度数据共计43份。

2012年工作程度数据库维护工作：补充了吉林省2011年12月前的工作程度数据，新增工作程度数据共计85份。

三、1∶20万地质图空间数据库维护

吉林省1∶20万地质图空间数据库建设始于1997年,是地矿部下达的信息项目,也是中国地质调查局1999年和2000年两次下达给吉林省地质调查院的信息项目,在已有资料的基础上,完成了任务书要求的30个1∶20万图幅的图形和属性数据的录入,建立了1∶20万地质图空间数据库。

2009年对1∶20万地质图空间数据库进行了维护。吉林省1∶20万地质图数据库中的注释使用的是吉林省自己编制的"地质符号库",坐标以米为单位,比例尺1∶1。本次维护主要是更换矿产资源潜力评价项目使用的统一系统库、坐标系统转换、地质注释及属性修改。全国矿产资源潜力评价项目办公室下发了37个1∶20万地质图图幅,参考吉林省完成的1∶20万地质图空间数据库,去掉K5110、K5111、K5130(辽宁省建库),L5114、L5115、L5120(内蒙古自治区建库),L5233(黑龙江省建库),维护完成30个1∶20万标准图幅,具体工作量如表2-1-1所示。

表2-1-1 吉林省1∶20万地质图数据库维护工作量统计

序号	图幅名称	图幅号	工作量(图元数)
1	洮南县	L-51-(31)	5414
2	农安县	L-51-(36)	3768
3	舒兰县	L-52-(31)	8440
4	向阳山	L-52-(32)	6630
5	怀德县	K-51-(5)	3084
6	长春市	K-51-(6)	7074
7	辽源市	K-51-(12)	8534
8	海龙县	K-51-(18)	7084
9	通化市	K-51-(24)	5664
10	吉林市	K-52-(1)	5309
11	蛟河县	K-52-(2)	6075
12	敦化市	K-52-(3)	4361
13	大兴沟	K-52-(4)	7136
14	老黑山	K-52-(5)	5898
15	大肚川	K-52-(6)	2937
16	磐石县	K-52-(7)	10 401
17	桦树林子	K-52-(8)	5094
18	明月镇	K-52-(9)	6140
19	延吉市	K-52-(10)	6721
20	珲春市	K-52-(11)	6205
21	春化	K-52-(12)	2206
22	靖宇县	K-52-(13)	9707
23	抚松县	K-52-(14)	3887
24	白头山	K-52-(15)	4135
25	大碇子幅	K-52-(16)	5042
26	罗津	K-52-(17)	894
27	浑江市	K-52-(19)	6190
28	漫江	K-52-(20)	5267
29	长白	K-52-(21)	2130
30	集安	K-52-(25)	2047

第二节 潜力评价专题属性数据库建设成果

在全国矿产资源潜力评价中,需要进行矿产资源潜力评价的矿种有25个,根据吉林省的矿产资源情况及全国矿产资源潜力评价项目组下达的任务要求,吉林省对铁、金、铜、铅、锌、锑、稀土、钨、磷、硫铁矿、银、铬、镍、钼、硼、萤石16个矿种开展了矿产潜力评价工作。综合信息集成专题根据全国矿产资源潜力评价办公室下发的各类数据模型,应用与数据模型配套的软件包 GeoMAG 和 GeoTOK,建设完成吉林省矿产资源潜力评价成果数据库。

吉林省矿产资源潜力评价共形成图件4546幅,其中数据库即矿产资源潜力评价成果数据库3217个、不建数据库的图件1171幅、遥感影像158幅。数据库分为省级基础图成果数据库和矿种(组)潜力评价成果数据库。其中省级基础图成果数据库包括成矿地质背景研究成果数据库41个、重力资料应用成果数据库5个、磁测资料应用成果数据库7个、化探资料应用成果数据库94个、遥感资料应用成果数据库59个、自然重砂资料应用成果数据库28个、吉林省区域规律图库1个,共计235个;矿种(组)潜力评价成果数据库包括铁矿种(组)潜力评价成果数据库239个、金矿种(组)潜力评价成果数据库807个、铜矿种(组)潜力评价成果数据库584个、铅锌矿种(组)潜力评价成果数据库232个、锑矿种(组)潜力评价成果数据库51个、稀土矿种(组)潜力评价成果数据库34个、钨矿种(组)潜力评价成果数据库30个、磷矿种(组)潜力评价成果数据库21个、硫铁矿矿种(组)潜力评价成果数据库95个、银矿种(组)潜力评价成果数据库266个、铬矿种(组)潜力评价成果数据库79个、镍矿种(组)潜力评价成果数据库232个、钼矿种(组)潜力评价成果数据库203个、硼矿种(组)潜力评价成果数据库28个、萤石矿种(组)潜力评价成果数据库81个,共计2982个,每个矿种(组)潜力评价成果均有成矿地质背景研究、成矿规律研究、矿产预测研究、重力资料应用、磁测资料应用、化探资料应用、遥感资料应用、自然重砂资料应用,详细情况如表2-2-1所示。

表 2-2-1 吉林省潜力评价成果图件及数据库统计表

矿种	图件总数/幅	数据库/个	不建数据库图件/幅	遥感影像/幅
基础图件	255	235	—	20
铁矿	323	239	68	16
金矿	1170	807	326	37
铜矿	814	584	206	24
铅锌矿	332	232	91	9
锑矿	72	51	18	3
稀土矿	43	34	8	1
钨矿	45	30	14	1
磷矿	27	21	5	1
硫铁矿	141	95	39	7
银矿	385	266	108	11
铬矿	107	79	24	4
镍矿	340	232	97	11
钼矿	301	203	90	8
硼矿	42	28	13	1
萤石	149	81	64	4

第三节 潜力评价资料性成果集成数据库建设成果

按全国重要矿产资源潜力评价综合信息集成项目组下发的《省级矿产资源潜力评价资料性成果集成建库技术指南》,使用正式发布的建库软件系统 GeoPEX 开展了吉林省矿产资源潜力评价资料性成果集成数据库建设工作。吉林省潜力评价资料性成果集成数据库主要包括属于全国矿产资源潜力评价数据模型规定的成果、不属于全国矿产资源潜力评价数据模型规定但属于各专业需要提交的成果、属于省级项目组汇总综合研究的成果共3个部分。属于全国矿产资源潜力评价数据模型规定的成果主要包括规定要提交的图件及其属性库、遥感影像、编图说明书、图件元数据、文档报告、数据表格以及相关内容清单等;不属于全国矿产资源潜力评价数据模型规定但属于各专业需要提交的成果主要包括各专业汇总组规定需要提交的资料、各种过渡性图件、图片文件、数据表格文件、文字报告以及各种资料卡片扫描件等;属于省级项目组汇总综合研究的成果主要包括省级各专题按相关专题省级汇总技术要求规定需要提交的图件及其属性库、遥感影像、编图说明书、图件元数据、文档报告、数据表格以及相关内容清单等。

吉林省潜力评价资料性成果集成数据库共包括16个数据库,它们分别是省级潜力评价基础地质编图成果数据库以及铁矿、铬矿、铜矿、铅锌矿、镍矿、钨矿、钼矿、金矿、银矿、锑矿、稀土矿、磷矿、硫矿、硼矿、萤石矿等矿种数据库,详细情况如表2-3-1所示。

表2-3-1 吉林省潜力评价资料性成果集成数据库汇总表

序号	数据库名称	数据库内容	图库数量/个	数据量/GB
1	GEOPEXDB000	省级潜力评价基础地质编图成果	235	6.29
2	GEOPEXDB001	铁矿种潜力评价成果	239	3.92
3	GEOPEXDB003	铬矿种潜力评价成果	79	2.59
4	GEOPEXDB004	铜矿种潜力评价成果	584	6.20
5	GEOPEXDB005	铅锌矿种潜力评价成果	232	3.47
6	GEOPEXDB007	镍矿种潜力评价成果	232	5.36
7	GEOPEXDB008	钨矿种潜力评价成果	30	1.61
8	GEOPEXDB010	钼矿种潜力评价成果	203	4.83
9	GEOPEXDB011	金矿种潜力评价成果	807	7.23
10	GEOPEXDB012	银矿种潜力评价成果	266	6.61
11	GEOPEXDB013	锑矿种潜力评价成果	51	1.99
12	GEOPEXDB014	稀土矿种潜力评价成果	34	1.51
13	GEOPEXDB018	磷矿种潜力评价成果	21	1.07
14	GEOPEXDB019	硫矿种潜力评价成果	95	2.28
15	GEOPEXDB021	硼矿种潜力评价成果	28	1.51
16	GEOPEXDB022	萤石矿种潜力评价成果	81	1.58

第四节 人才培养

矿产资源潜力评价项目还有一个任务是培养一批地质专业人才。全国矿产资源潜力评价工作涉及专业多、难度大、技术含量高。具体工作包括区域地质调查、地球物理、地球化学、遥感、自然重砂等地质调查的资料分析和综合，成矿地质背景、典型矿床、成矿规律研究和总结，以及应用GIS进行了空间数据处理、信息提取和矿产资源潜力评价空间数据库建设、矿产预测等。通过参加该项目的工作，地质科技人员能够充分接触各类资料，开展各项分析和综合，在工作中不断提升自身知识水平及专业能力。

通过参加矿产资源潜力评价全国性综合研究项目，各专业技术人员特别是年轻人可得到一次良好的锻炼机会，可了解综合研究的工作方法与思路，同时对全省范围内地质情况有了进一步了解，为今后工作积累了宝贵的经验，年轻技术人员在老同志的悉心指导下，获益匪浅。

对于综合信息组的技术人员来说，可掌握图件的编辑、拓扑检查及修改、投影参数检查与确定、图层的分离、属性结构及图层名称的规范等数据库建设方法。

第三章 相关地质数据库现状

在开展全国矿产资源潜力评价项目之前,吉林省已建成了矿产地数据库、工作程度数据库、航磁数据库、区域重力数据库、区域地球化学数据库、1∶20万地质图空间数据库、1∶20万自然重砂数据库、1∶20万水文地质图空间数据库共计8个数据库。

第一节 矿产地数据库

吉林省矿产地数据库由吉林省地质调查院承担建设,该项工作始于1999年,于2002年完成,并且通过了中国地质调查局组织的评审验收。该库共包括438处大型、中型、小型矿产地。矿产地数据库的原始资料全部来源于吉林省地质资料馆,资料收集日期截至2000年,详见表3-1-1。

表3-1-1 矿产地数据库现状

序号	现状大类	现状子类	现状内容
1	数据库基本情况	数据库名称	吉林省矿产地数据库
		数据库主要内容	吉林省全部矿产地的基本情况,矿产资源的储量,矿床技术经济评价,开采技术条件,矿产勘查工作概况,矿区地质情况,矿体特征等。共438处大型、中型、小型矿产地
		数据库类型/形式(真正数据库、一般文件集合、数据+一般文件集合的混合形式或其他形式)	关系数据库
		数据库主要格式	Microsoft Access 2003
		数据库建库标准	《中华人民共和国行政区划代码》(GB/T 2260—1999) 《全数字式日期表示法》(GB 2801—1981) 《区域地质图图例(1∶50 000)》(GB 958—1989) 《地质矿产术语分类代码》(GB/T 9649—1988) 《国家基本比例尺地形图分幅和编号》(GB/T 13989—92) 《地理信息技术基本术语》(GB/T 17694—1999) 《地质矿产部单位代码》(DZ 58—88) 《矿产地数据库建设工作指南》(2001年6月)
		采用元数据标准	《地质信息元数据标准》(DD 2006-05)
		数据量	2.17MB

续表 3-1-1

序号	现状大类	现状子类	现状内容
1	数据库基本情况	若为空间数据,其覆盖范围、比例尺、坐标参数(大地坐标系统、高程基准、地图椭球参数、地图投影类型)	矿产地分布全省,地理坐标系统
		数据密级(公开、秘密、机密、绝密)	秘密
		数据库数据覆盖专业名称(若覆盖多种专业,则全部列出)	地质
		数据库建设起止时间、负责人及主要技术人员	建设起止时间:2002—2005年。负责人:刘冶兵。主要技术人员:刘冶兵、陈雷、刘晓洁、戴薪义
		数据库维护历史记录、负责人及主要技术人员	数据库维护历史记录:每年都进行数据库维护、更新。负责人:刘冶兵。主要技术人员:刘冶兵、陈雷
		数据库更新方式(突击式、日常式、从未更新)	突击式
		数据库数据或原始资料源头	吉林省地质资料馆的矿产报告及矿产储量表
		数据库管理具体单位(即归口管理单位)	吉林省地质调查院
		数据库存放具体单位(即物理存放单位)	吉林省地质调查院信息发展中心
		数据库的用户群(若有多种用户群,按重要层次列出)	吉林省地质调查院
		数据库应用状况描述	广泛应用于吉林省各地勘单位地质项目立项、设计、成果报告编写工作中
		数据库存在的主要问题描述	数据库中的矿产地不全,核查过程中发现个别矿产地坐标不准确,还存在重复状况
		数据库其他情况描述	
2	数据库管理系统运行环境	数据库运行的硬件环境(服务器设备、网络设备、其他设备)	CPU 3.2GHz,内存 3GB,显示器分辨率 1680×1050
		数据库运行的操作系统(包括操作系统名称、版本)	Microsoft Windows XP professional 2002
		使用的数据库系统(包括数据库系统名称、版本)	Microsoft Access 2003
		与其他相关应用系统的关系	

续表 3-1-1

序号	现状大类	现状子类	现状内容
3	数据库管理系统体系结构	数据库管理系统的体系结构图（框图表示）	
		数据库管理系统的高层流程图（高层数据流图、高层控制流图）	见图 3-1-1
4	数据库管理系统功能	数据库管理系统的主要功能描述（逐一描述）	矿产地数据库主要分为矿产地基本情况数据表、矿体特征数据表、矿区地质特征数据表、矿产储量数据表 4 种。录入时按数据表所列项逐一填写即可；根据矿产地编号或名称可查询其他属性；根据数据库的导出命令可导出 xls 格式、dbf 格式
5	数据库概念模型	数据库概念模型（用 E-R 图描述）	见图 3-1-2

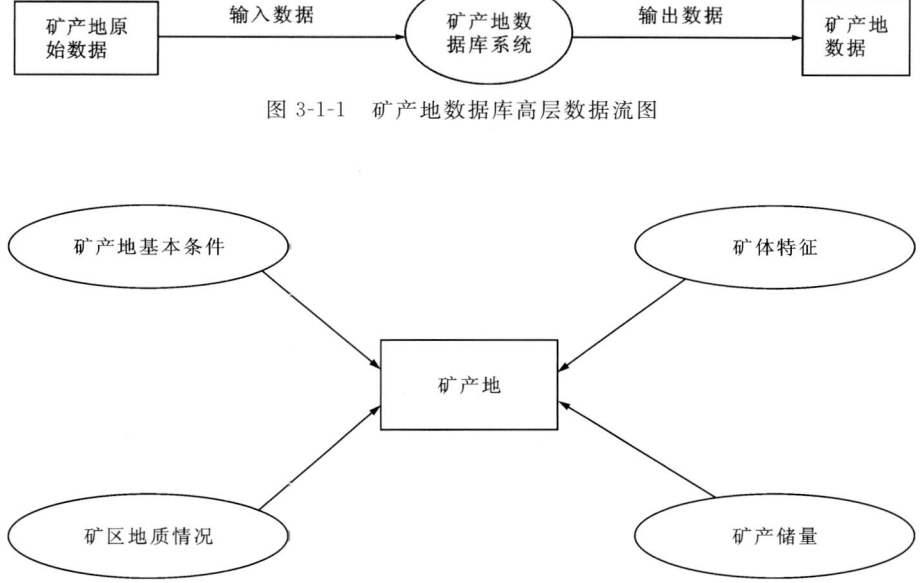

图 3-1-1　矿产地数据库高层数据流图

图 3-1-2　矿产地数据库概念模型图

第二节　工作程度数据库

全国地质工作程度数据库建设工作始于 2001 年，于 2004 年 6 月完成，由中国地质调查局发展研究中心承担，组织全国 31 个省（区、市）有色、冶金、煤炭、核工业、建材、化工、武警黄金指挥部、中国老科学技术工作者协会地矿分会和中国国土资源航空物探遥感中心等 40 多个省级、部级和市级单位参加，共 765 人次参加数据库建设工作，历时三年半。较全面系统地收集和整理了全国自 20 世纪以来的地质成果资料，建立了目前国内包含地质专业种类最全、覆盖范围最大、数据量最多的全国地质工作程度数据库，数据库总数据量达 580MB。

吉林省工作程度数据库是中国地质调查局委托给吉林省地质调查院的信息项目，项目组于 2001 年

3月开始工作,于2002年11月结束工作。共完成区域性属性卡片644张、矿产勘查卡片1451张、矿产地属性卡片1400多张。资料包括由吉林省内原地矿系统所属单位在本省进行和完成的各类地质工作成果资料,也包括保存在其他系统单位在本省所做的各项地质工作成果资料,详见表3-2-1。

表 3-2-1 工作程度数据库现状

序号	现状大类	现状子类	现状内容
1	数据库基本情况	数据库名称	吉林省地质工作程度数据库
		数据库主要内容	收集自20世纪以来,特别是1949年以来地质调查(勘查)工作程度的资料,包括吉林省内原地矿系统所属单位在本省进行和完成的各类地质工作,也包括保管和保存的其他单位在本省所做的各项地质工作成果资料
		数据库类型/形式(真正数据库、一般文件集合、数据+一般文件集合的混合形式或其他形式)	数据库类型为关系数据库
		数据库主要格式	Microsoft Access 2003
		数据库建库标准	《中华人民共和国行政区划代码》(GB/T 2260—1999) 《区域地质图图例(1∶50 000)》(GB 958—1989) 《地质矿产术语分类代码》(GB/T 9649—1988) 《国家基本比例尺地形图分幅和编号》(GB/T 13989—92) 《地理信息技术基本术语》(GB/T 17694—1999) 《区域地质调查总则(1∶50 000)》(DZ/T 0001—91) 《数字化地质图图层及属性文件格式》(DZ/T 0197—1997) 《GIS图层描述数据内容标准》(DDB 9702) 《资源评价工作中地理信息系统(GIS)工作细则》(DDZ 9701) 《地质图用色标准及用色原则》(DZ/T 0179—1997) 《地质矿产勘查标准汇编(1999)》
		采用元数据标准	《地质信息元数据标准》(DD 2006-05)
		数据量	47.9MB
		若为空间数据,其覆盖范围、比例尺、坐标参数(大地坐标系统、高程基准、地图椭球参数、地图投影类型)	矿产地覆盖全省,地理坐标系统
		数据密级(公开、秘密、机密、绝密)	秘密
		数据库数据覆盖专业名称(若覆盖多种专业,则全部列出)	区域地质调查、地球化学勘查、地球物理勘查、遥感地质、水文地质调查、工程地质调查、环境地质调查、综合类地质调查、矿产勘查
		数据库建设起止时间、负责人及主要技术人员	项目起止时间:2001年3月至2002年12月。 负责人:于城
		数据库维护历史记录、负责人及主要技术人员	

续表 3-2-1

序号	现状大类	现状子类	现状内容
1	数据库基本情况	数据库更新方式（突击式、日常式、从未更新）	
		数据库数据或原始资料源头	吉林省地质资料馆
		数据库管理具体单位（归口管理单位）	吉林省地质调查院
		数据库存放具体单位（物理存放单位）	吉林省地质调查院
		数据库的用户群（若有多种用户群，按重要层次列出）	吉林省地质调查院
		数据库应用状况描述	各类地质项目基本都在间接或直接利用该数据库
		数据库存在的主要问题描述	
		数据库其他情况描述	
2	数据库管理系统运行环境	数据库运行的硬件环境（服务器设备、网络设备、其他设备）	CPU 3.2GHz,内存 3GB,显示器分辨率为 1680×1050
		数据库运行的操作系统（包括操作系统名称、版本）	Microsoft Windows XP professional 2002
		使用的数据库系统（包括数据库系统名称、版本）	Microsoft Access 2003
		与其他相关应用系统的关系	
3	数据库管理系统体系结构	数据库管理系统的体系结构图（框图表示）	见图 3-2-1
		数据库管理系统的高层流程图（高层数据流图、高层控制流图）	见图 3-2-2
4	数据库管理系统功能	数据库管理系统的主要功能描述（逐一描述）	录入功能：点击"工作程度属性录入"出现录入窗口，按照录入界面所列项逐一录入即可
5	数据库概念模型	数据库概念模型（用 E-R 图描述）	见图 3-2-3

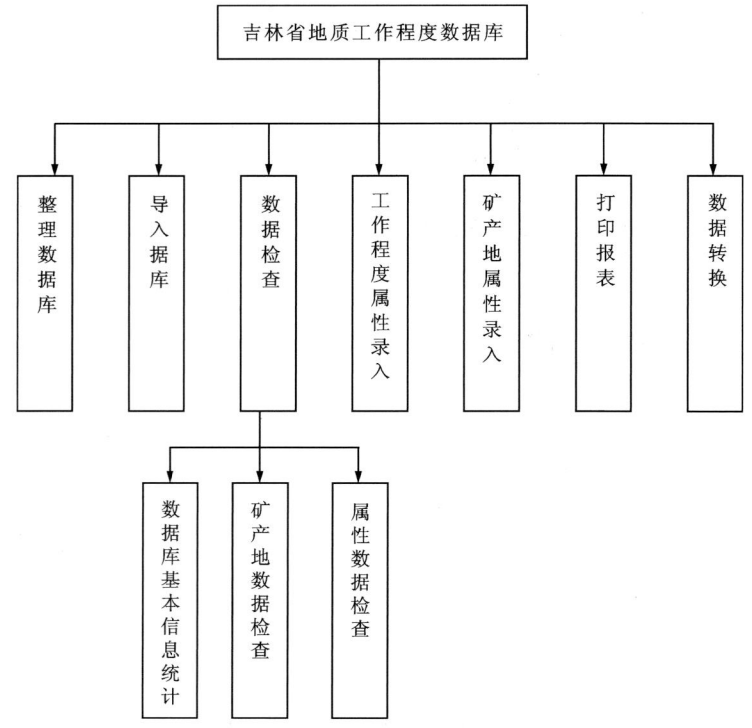

图 3-2-1 吉林省工作程度数据库管理系统的体系结构

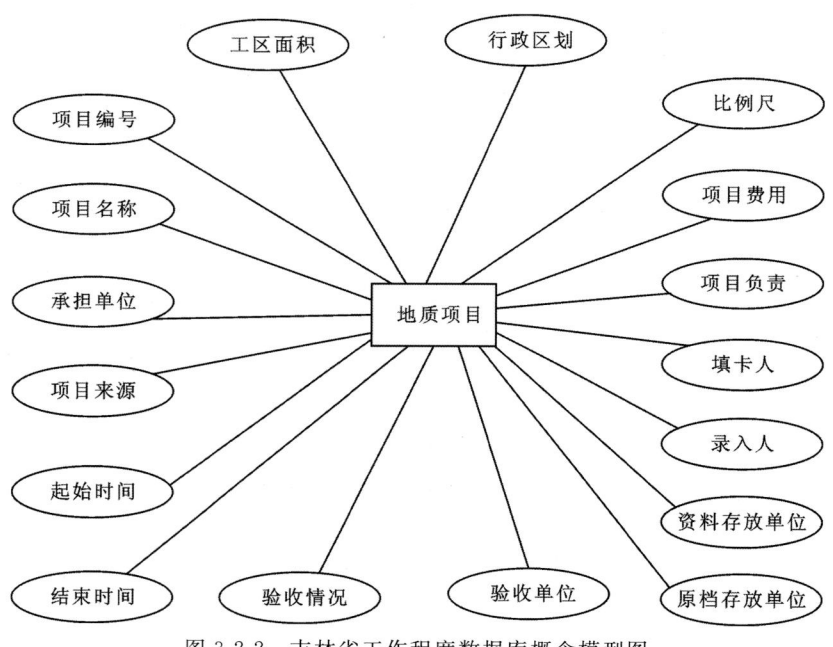

图 3-2-2 吉林省工作程度数据库概念模型图

图 3-2-3 工作程度数据库高层数据流图

第三节 航磁数据库

全国航磁数据库由中国国土资源航空物探遥感中心于2002年开始建设,已完成航磁数据整理,数据库目前可以提供全国2km×2km的网格数据,对局部地区可以提供全国1km×1km的网格数据。

吉林省航磁数据库由全国矿产资源潜力评价项目组于2007年8月下发到吉林省地质调查院。数据包括吉林省20世纪60年代以来的航磁数据,资料收集日期截至2000年。该库包括1∶5万、1∶20万、1∶100万航磁数据。各数据包括经度、纬度和异常值3个数据。详见表3-3-1。

表3-3-1 航磁数据库现状

序号	现状大类	现状子类	现状内容
1	数据库基本情况	数据库名称	1∶20万航磁数据库
		数据库主要内容	吉林省各种比例尺航磁网格数据,有经纬度坐标和航磁数据值
		数据库类型/形式(真正数据库、一般文件集合、数据+一般文件集合的混合形式或其他形式)	纯测量数据
		数据库主要格式	文本格式
		数据库建库标准	《航空磁测技术规范》(DZ/T 0142—1994)
		采用元数据标准	《地质信息元数据标准》(DD 2006-05)
		数据量	641MB
		若为空间数据,其覆盖范围、比例尺、坐标参数(大地坐标系统、高程基准、地图椭球参数、地图投影类型)	覆盖全省,地理坐标系统
		数据密级(公开、秘密、机密、绝密)	机密
		数据库数据覆盖专业名称(若覆盖多种专业,则全部列出)	航磁
		数据库建设起止时间、负责人及主要技术人员	无
		数据库维护历史记录、负责人及主要技术人员	无
		数据库更新方式(突击式、日常式、从未更新)	无
		数据库数据或原始资料源头	中国国土资源航空物探遥感中心实测数据
		数据库管理具体单位(归口管理单位)	吉林省地质调查院
		数据库存放具体单位(物理存放单位)	吉林省地质调查院
		数据库的用户群(若有多种用户群,按重要层次列出)	吉林省地质调查院

续表 3-3-1

序号	现状大类	现状子类	现状内容
1	数据库基本情况	数据库应用状况描述	一些地质项目基本都在间接或直接利用该数据库
		数据库存在的主要问题描述	无
		数据库其他情况描述	无
2	数据库管理系统运行环境	数据库运行的硬件环境(服务器设备、网络设备、其他设备)	CPU 3.2GHz,内存 3GB,显示器分辨率为 1680×1050
		数据库运行的操作系统(包括操作系统名称、版本)	Microsoft Windows XP professional 2002
		使用的数据库系统(包括数据库系统名称、版本)	无
		与其他相关应用系统的关系	无
3	数据库管理系统体系结构	数据库管理系统的体系结构图(框图表示)	无
		数据库管理系统的体系结构图(框图表示)	无
4	数据库管理系统功能	数据库管理系统的主要功能描述(逐一描述)	无
5	数据库概念模型	数据库概念模型(用 E-R 图描述)	无

第四节　区域重力数据库

全国区域重力数据库由中国地质调查局发展研究中心及陕西物探大队完成,历时 3 年,于 2003 年完成。

全国区域重力数据库全面汇集了截至 1998 年地矿部系统完成的所有 1∶100 万、1∶50 万、1∶20 万重力数据,地矿部各单位收集与积累的重力数据,以及 1999—2005 年新部署的区域重力勘查的成果数据。共收集 862 870 个区域重力测量点数据,按图幅计算,共计 231 幅 1∶50 万区域重力测量数据,593 幅 1∶20 万区域重力测量数据和 1211 幅 1∶100 万区域重力测量数据。全国区域重力数据库包括重力基点网数据库表、高程数据表、重力工区参数信息表、工区范围表、重力数据表等内容。

吉林省区域重力数据库由全国矿产资源潜力评价项目组于 2007 年 8 月下发到吉林省地质调查院。数据包括 1∶20 万和 1∶100 万两种比例尺,详见表 3-4-1。

表 3-4-1　吉林省区域重力数据库现状

序号	现状大类	现状子类	现状内容
1	数据库基本情况	数据库名称	1∶20 万区域重力数据库
		数据库主要内容	1∶20 万区域重力测量数据 1∶100 万区域重力测量数据
		数据库类型/形式（真正数据库、一般文件集合、数据＋一般文件集合的混合形式、或其他形式）	网格化数据
		数据库主要格式	Microsoft Access 2003 格式
		数据库建库标准	《区域重力调查规范》(DZ/T 0082—93)
		采用元数据标准	《地质信息元数据标准》(DD2006-05)
		数据量	378MB
		若为空间数据，其覆盖范围、比例尺、坐标参数（大地坐标系统、高程基准、地图椭球参数、地图投影类型）	覆盖全省，地理坐标系统
		数据密级（公开、秘密、机密、绝密）	机密
		数据库数据覆盖专业名称（若覆盖多种专业，则全部列出）	物探
		数据库建设起止时间、负责人及主要技术人员	无
		数据库维护历史记录、负责人及主要技术人员	无
		数据库更新方式（突击式、日常式、从未更新）	无
		数据库数据或原始资料源头	吉林省勘查地球物理研究所
		数据库管理具体单位（归口管理单位）	中国地质调查局发展研究中心
		数据库存放具体单位（物理存放单位）	吉林省地质调查院、中国地质调查局发展研究中心
		数据库的用户群（若有多种用户群，按重要层次列出）	吉林省地质调查院
		数据库应用状况描述	一些地质项目基本都在间接或直接利用该数据库
		数据库存在的主要问题描述	无
		数据库其他情况描述	无

续表 3-4-1

序号	现状大类	现状子类	现状内容
2	数据库管理系统运行环境	数据库运行的硬件环境（服务器设备、网络设备、其他设备）	CPU 3.2GHz，内存 3GB，显示器分辨率为 1680×1050
		数据库运行的操作系统（包括操作系统名称、版本）	Microsoft Windows XP professional 2002
		使用的数据库系统（包括数据库系统名称、版本）	无
		与其他相关应用系统的关系	无
3	数据库管理系统体系结构	数据库管理系统的体系结构图（框图表示）	无
		数据库管理系统的高层流程图（高层数据流图、高层控制流图）	无
4	数据库管理系统功能	数据库管理系统的主要功能描述（逐一描述）	无
5	数据库概念模型	数据库概念模型（用 E-R 图描述）	无

第五节 区域地球化学数据库

全国区域地球化学数据库汇集了 2002 年以前完成的全国 28 个省（区、市）1∶20 万和 1∶50 万区域化探 39 种元素及氧化物的测试数据，涉及 1∶20 万图幅 1299 个，1∶50 万图幅 18 个，覆盖面积达 650 万 km^2。地球化学数据包括 39 种地球化学元素及氧化物含量值、经纬度坐标、高斯坐标值。入库地球化学数据为 1 401 277 条。

吉林省区域地球化学数据库由全国矿产资源潜力评价项目组于 2007 年 8 月下发到吉林省地质调查院。数据库涉及 32 个 1∶20 万标准图幅，面积达 123 590 km^2；数据包括经度、纬度、千米坐标值、样品号、分析序号、地层编码及 39 种元素及氧化物的化验分析数据等，共有 30 779 条记录，详见表 3-5-1、图 3-5-1。

表 3-5-1 吉林省区域地球化学数据库现状

序号	现状大类	现状子类	现状内容
1	数据库基本情况	数据库名称	1∶20 万地球化学水系沉积物测量数据库
		数据库主要内容	吉林省 1∶20 万地球化学水系沉积物测量数据情况，32 个图幅，39 种元素及氧化物
		数据库类型/形式（真正数据库、一般文件集合、数据＋一般文件集合的混合形式或其他形式）	关系型数据库
		数据库主要格式	Microsoft Access 2000
		数据库建库标准	

续表 3-5-1

序号	现状大类	现状子类	现状内容
1	数据库基本情况	采用元数据标准	《地质信息元数据标准》(DD 2006-05)
		数据量	76MB
		若为空间数据,其覆盖范围、比例尺、坐标参数(大地坐标系统、高程基准、地图椭球参数、地图投影类型)	覆盖吉林省东部山区,地理坐标系统
		数据密级(公开、秘密、机密、绝密)	秘密
		数据库数据覆盖专业名称(若覆盖多种专业,则全部列出)	化探
		数据库建设起止时间、负责人及主要技术人员	项目起止时间:1993—1999年。负责人:马光汉。主要技术人员:刘冶兵、梁伟杰、王立民
		数据库维护历史记录、负责人及主要技术人员	无
		数据库更新方式(突击式、日常式、从未更新)	无
		数据库数据或原始资料源头	吉林省第五地质调查所原始分析报告
		数据库管理具体单位(归口管理单位)	中国地质调查局发展研究中心
		数据库存放具体单位(物理存放单位)	中国地质调查局发展研究中心、吉林省地质调查院
		数据库的用户群(若有多种用户群,按重要层次列出)	吉林省地质调查院、吉林省第五地质调查所
		数据库应用状况描述	各类地质项目基本都在间接或直接利用该数据库
		数据库存在的主要问题描述	无
		数据库其他情况描述	无
2	数据库管理系统运行环境	数据库运行的硬件环境(服务器设备、网络设备、其他设备)	CPU 3.2GHz,内存3GB,显示器分辨率为1680×1050
		数据库运行的操作系统(包括操作系统名称、版本)	Microsoft Windows XP professional 2002
		使用的数据库系统(包括数据库系统名称、版本)	Microsoft Access 2003
		与其他相关应用系统的关系	无

续表 3-5-1

序号	现状大类	现状子类	现状内容
3	数据库管理系统体系结构	数据库管理系统的体系结构图（框图表示）	无
		数据库管理系统的高层流程图（高层数据流图、高层控制流图）	无
4	数据库管理系统功能	数据库管理系统的主要功能描述（逐一描述）	无
5	数据库概念模型	数据库概念模型（用 E－R 图描述）	无

图 3-5-1　吉林省区域化探数据库建库工作程度图

第六节 1∶20万地质图空间数据库

全国1∶20万地质图空间数据库建设工作历时8年,于2003年完成。1∶20万地质图空间数据库采用面向对象技术的数据模型,完成了对各省(区)1163幅地质图的数字采集、综合处理及入库工作。该库覆盖全国陆地面积71%,数据库数据量达80GB。有效地质实体总数超过500万个,是目前唯一覆盖全国的基础地质图,是开展各项地质工作的基础。

吉林省1∶20万地质图空间数据库由吉林省地质调查院承担建设,始于1997年,完成于2002年。数据库以吉林省20世纪50年代末期至80年代完成的1∶20万区域地质调查成果为基础资料,数据库提供1∶20万区域地质调查工作所形成的水系、地层、变质岩、火山岩、侵入岩、脉岩、围岩蚀变、混合岩化带、变质相带、断层、构造变形带、矿产、产状、化石、同位素、钻孔、火山口、剖面等相关信息,同时还有光栅地质图、矢量化地质图、基于GIS的数字地质图和数字地质图空间数据库4种数据产品。

吉林省1∶20万地质图空间数据库提交的数据为MapGIS格式,包括全要素图形数据及输出工程文件、图外整饰文件,空间坐标系统包括毫米单位高斯投影和以度为单位的无投影地理坐标系及元数据文件。

吉林省1∶20万地质图空间数据库具有较好的数学基础与空间精度,空间数据库标准化程度较高,图元录入质量较好;图层分层正确,拓扑一致性好、结点关系正确;具有较好的属性精度、代码一致性,图元编码正确,属性与图元对应较好;数据标准化符合《空间数据库工作指南》要求,数据内容与原始资料吻合。具体见表3-6-1、图3-6-1。

表3-6-1 1∶20万地质图空间数据库现状

序号	现状大类	现状子类	现状内容
1	数据库基本情况	数据库名称	1∶20万地质图空间数据库
		数据库主要内容	吉林省1∶20万地质图情况,共30个1∶20万标准图幅
		数据库类型/形式(真正数据库、一般文件集合、数据+一般文件集合的混合形式或其他形式)	图形+属性
		数据库主要格式	MapGIS格式
		数据库建库标准	《中华人民共和国行政区划代码》(GB/T 2260—1999) 《区域地质图图例(1∶50 000)》(GB 958—1989) 《地质图用色标准及用色原则》(DZ/T 0179—1997) 《地质矿产术语分类代码》(GB/T 9649—1988) 《国土基础信息数据分类代码》(GB/T 13923—92) 《国家基本比例尺地形图分幅和编号》(GB/T 13989—92) 《地质图空间数据库建设工作指南(2.0版)》
		采用元数据标准	《地质信息元数据标准》(DD2006-05)
		数据量	4.03 GB

续表 3-6-1

序号	现状大类	现状子类	现状内容
1	数据库基本情况	若为空间数据,其覆盖范围、比例尺、坐标参数(大地坐标系统、高程基准、地图椭球参数、地图投影类型)	覆盖吉林省东部山区 比例尺:1∶20万 坐标参数:两套坐标参数 (1)坐标系类型:投影平面直角 　　高程基准:1956黄海高程系 　　椭球参数:北京54/克拉索夫斯基 　　投影类型:高斯-克吕格 (2)坐标系类型:投影平面直角 　　高程基准:1956黄海高程系 　　椭球参数:西安80 　　投影类型:高斯-克吕格 (3)坐标系类型:地理坐标系 　　椭球参数:北京54/克拉索夫斯基 　　投影类型:地理坐标系
		数据密级(公开、秘密、机密、绝密)	秘密
		数据库数据覆盖专业名称(若覆盖多种专业,则全部列出)	地质
		数据库建设起止时间、负责人及主要技术人员	项目起止时间:1998—2005年。负责人:刘治兵。主要技术人员:梁伟杰、王立民、庄毓敏、赵庆英
		数据库维护历史记录、负责人及主要技术人员	2009年进行维护。负责人:王立民。主要技术人员:任光、李桂芝、崔丹、曲洪晔
		数据库更新方式(突击式、日常式、从未更新)	突击式
		数据库数据或原始资料源头	吉林省地质矿产勘查开发局资料馆
		数据库管理具体单位(归口管理单位)	吉林省地质调查院
		数据库存放具体单位(物理存放单位)	吉林省地质调查院信息发展中心
		数据库的用户群(若有多种用户群,按重要层次列出)	吉林省地质调查院
		数据库应用状况描述	各类地质项目基本都在间接或直接利用该数据库
		数据库存在的主要问题描述	图面缺少地理信息
		数据库其他情况描述	

续表 3-6-1

序号	现状大类	现状子类	现状内容
2	数据库管理系统运行环境	数据库运行的硬件环境（服务器设备、网络设备、其他设备）	CPU 3.2GHz，内存 3GB，显示器分辨率为 1680×1050
		数据库运行的操作系统（包括操作系统名称、版本）	Microsoft Windows XP professional 2002
		使用的数据库系统（包括数据库系统名称、版本）	MapGIS 6.7
		与其他相关应用系统的关系	
3	数据库管理系统体系结构	数据库管理系统的体系结构图（框图表示）	见图 3-6-1
		数据库管理系统的高层流程图（高层数据流图、高层控制流图）	无
4	数据库管理系统功能	数据库管理系统的主要功能描述（逐一描述）	无
5	数据库概念模型	数据库概念模型（用 E-R 图描述）	无

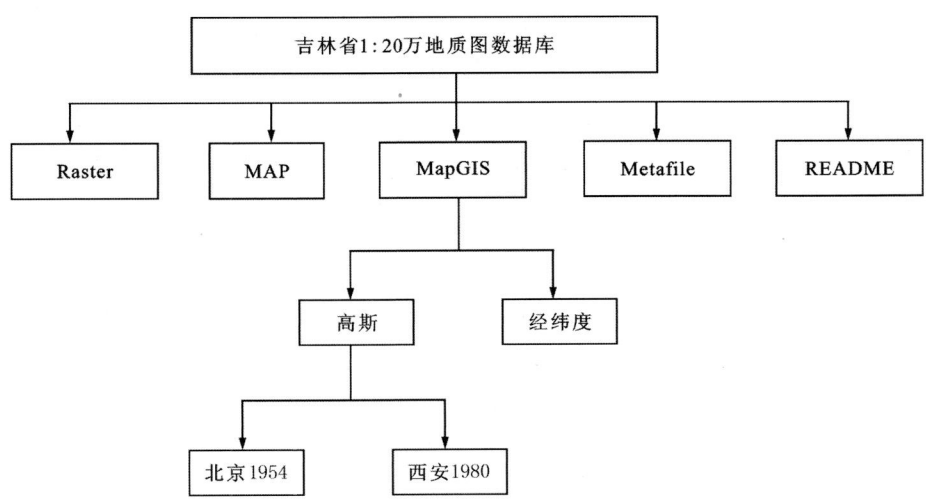

图 3-6-1　吉林省 1∶20 万地质图数据库管理系统体系结构框图

第七节 1∶20万自然重砂数据库

全国1∶20万自然重砂数据库建设工作历时6年,于2006年完成。全国1∶20万自然重砂数据库系统收集了全国27个单位1∶20万区域地质调查和部分1∶20万区域化探测量工作中所采集的自然重砂原始样品分析鉴定资料,资料收集时间截至1999年。按照统一标准完成了全国1053个1∶20万图幅的自然重砂数据库建设,数据覆盖全国29个省(区、市)。入库的自然重砂样品点1 944 190个,总计20 003 868件自然重砂鉴定数据,总数据量为9.4GB。

吉林省自然重砂数据库建设工作始于2000年,由吉林省地质调查院承担建设完成。收集资料主要是1958—1982年1∶20万区域地质调查时完成的自然重砂测量成果,吉林省地质调查院共完成29幅数据库建设工作,入库样品数为36 102个,样品鉴定191 299条记录,详见表3-7-1、图3-7-1。

表3-7-1 吉林省1∶20万自然重砂数据库现状

序号	现状大类	现状子类	现状内容
1	数据库基本情况	数据库名称	吉林省1∶20万自然重砂数据库
		数据库主要内容	吉林省29幅1∶20万自然重砂数据,入库样品总数36 102个,样品鉴定191 299条记录
		数据库类型/形式(真正数据库、一般文件集合、数据+一般文件集合的混合形式或其他形式)	关系数据库
		数据库主要格式	Microsoft Access格式
		数据库建库标准	《中华人民共和国行政区划代码》(GB/T 2260—1999) 《区域地质图图例(1∶50 000)》(GB 958—1989) 《地质图用色标准及用色原则》(DZ/T 0179—1997) 《地质矿产术语分类代码》(GB/T 9649—1988) 《国土基础信息数据分类代码》(GB/T 13923—92) 《国家基本比例尺地形图分幅和编号》(GB/T 13989—92)
		采用元数据标准	《地质信息元数据标准》(DD2006-05)
		数据量	132MB
		若为空间数据,其覆盖范围、比例尺、坐标参数(大地坐标系统、高程基准、地图椭球参数、地图投影类型)	覆盖全省,地理坐标系统
		数据密级(公开、秘密、机密、绝密)	秘密
		数据库数据覆盖专业名称(若覆盖多种专业,则全部列出)	重砂
		数据库建设起止时间、负责人及主要技术人员	数据库建设起止时间:2000—2006年。 负责人:刘冶兵。主要技术人员:梁伟杰

续表 3-7-1

序号	现状大类	现状子类	现状内容
1	数据库基本情况	数据库维护历史记录、负责人及主要技术人员	无
		数据库更新方式（突击式、日常式、从未更新）	未更新
		数据库数据或原始资料源头	吉林省地质资料馆的重砂资料
		数据库管理具体单位（归口管理单位）	吉林省地质调查院
		数据库存放具体单位（物理存放单位）	吉林省地质调查院信息发展中心
		数据库的用户群（若有多种用户群，按重要层次列出）	吉林省地质调查院
		数据库应用状况描述	各类地质项目都在间接或直接利用该数据库
		数据库存在的主要问题描述	
		数据库其他情况描述	
2	数据库管理系统运行环境	数据库运行的硬件环境（服务器设备、网络设备、其他设备）	CPU 3.2GHz，内存 3GB，显示器分辨率为 1680×1050
		数据库运行的操作系统（包括操作系统名称、版本）	Microsoft Windows XP professional 2002
		使用的数据库系统（包括数据库系统名称、版本）	MapGIS 6.7
		与其他相关应用系统的关系	无
3	数据库管理系统体系结构	数据库管理系统的体系结构图（框图表示）	无
		数据库管理系统的高层流程图（高层数据流图、高层控制流图）	无
4	数据库管理系统功能	数据库管理系统的主要功能描述（逐一描述）	无
5	数据库概念模型	数据库概念模型（用 E-R 图描述）	无

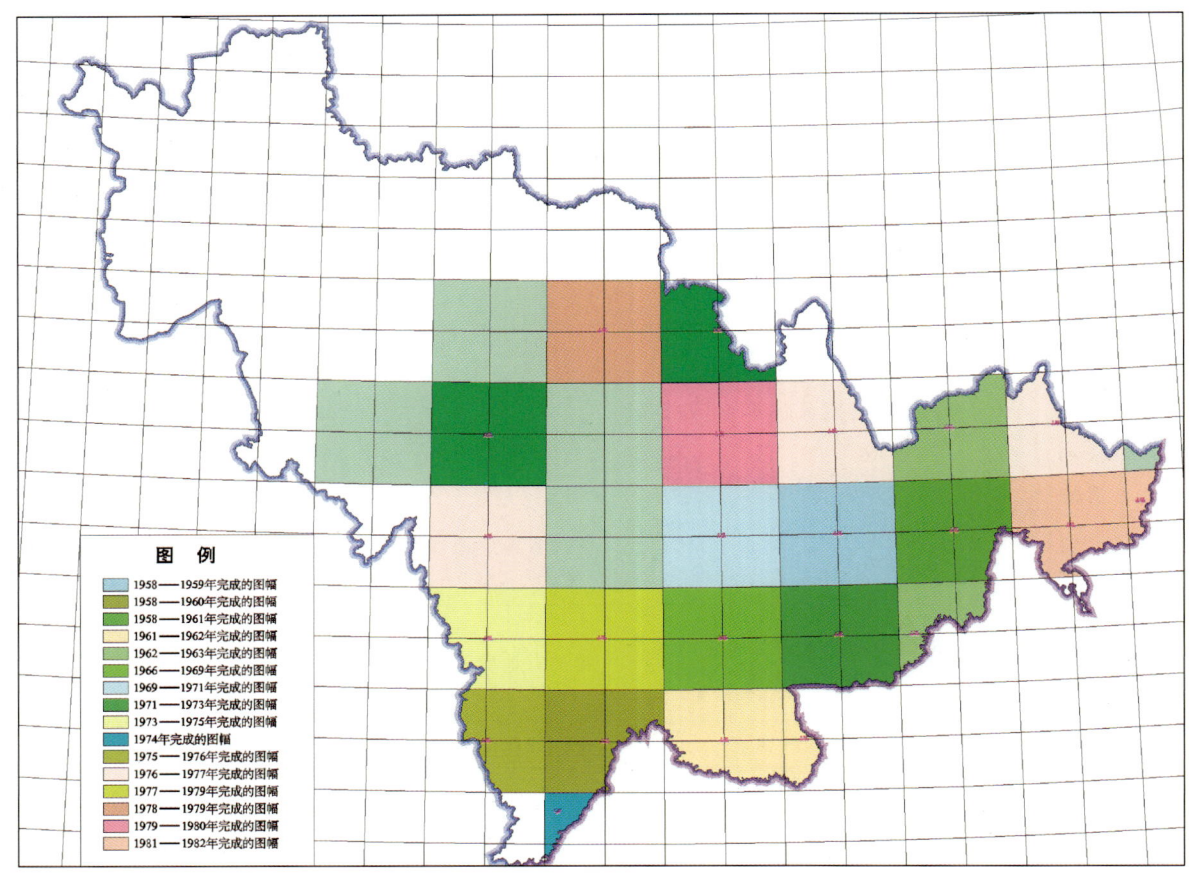

图 3-7-1　吉林省自然重砂工作程度图

第八节　1∶20 万水文地质图空间数据库

吉林省 1∶20 万水文地质图空间数据库建设工作始于 2001 年 5 月，历时 4 年，于 2004 年 6 月完成，该项目是中国地质调查局下达到吉林省地质调查院的任务。数据库以吉林省水文地质调查成果为基础，共收集到水文地质资料 18 份，全部来源于吉林省地质资料馆。数据库主要包括地下水类型、地下水富水性、地下水水质、水文地质特征点、水文地质特征线、地下水径流模数、综合水文地质柱状图、水文地质剖面图等水文地质信息，详见表 3-8-1、图 3-8-1。

表 3-8-1　1∶20 万水文地质图空间数据库现状

序号	现状大类	现状子类	现状内容
1	数据库基本情况	数据库名称	吉林省 1∶20 万水文地质图空间数据库
		数据库主要内容	吉林省 1∶20 万水文地质图情况
		数据库类型/形式（真正数据库、一般文件集合、数据＋一般文件集合的混合形式或其他形式）	关系数据库
		数据库主要格式	MapGIS 6.7

续表 3-8-1

序号	现状大类	现状子类	现状内容
1	数据库基本情况	数据库建库标准	《中华人民共和国行政区划代码》(GB/T 2260—1999) 《区域地质图图例(1∶50 000)》(GB/T 958—1989) 《地质图用色标准及用色原则》(DZ/T 0179—1997) 《地质矿产术语分类代码》(GB/T 9649—1988) 《国土基础信息数据分类代码》(GB/T 13923—92) 《国家基本比例尺地形图分幅和编号》(GB/T 13989—92)
		采用元数据标准	《地质信息元数据标准》(DD 2006-05)
		数据量	1.7 GB
		若为空间数据,其覆盖范围、比例尺、坐标参数(大地坐标系统、高程基准、地图椭球参数、地图投影类型)	水文地质图覆盖平原区,北京1954坐标系、高斯-克吕格投影
		数据密级(公开、秘密、机密、绝密)	秘密
		数据库数据覆盖专业名称(若覆盖多种专业,则全部列出)	水文地质、地质
		数据库建设起止时间、负责人及主要技术人员	数据库建设起止时间:2000—2004年。 负责人:孙丽梅。主要技术人员:孙丽梅、梁伟杰、李树田
		数据库维护历史记录、负责人及主要技术人员	无
		数据库更新方式(突击式、日常式、从未更新)	无
		数据库数据或原始资料源头	吉林省地质资料馆的水文地质资料
		数据库管理具体单位(归口管理单位)	吉林省地质调查院
		数据库存放具体单位(物理存放单位)	吉林省地质调查院信息发展中心
		数据库的用户群(若有多种用户群,按重要层次列出)	吉林省地质调查院
		数据库应用状况描述	水文地质和水文工程项目在间接或直接利用该数据库
		数据库存在的主要问题描述	无
		数据库其他情况描述	

续表 3-8-1

序号	现状大类	现状子类	现状内容
2	数据库管理系统运行环境	数据库运行的硬件环境（服务器设备、网络设备、其他设备）	CPU 3.2GHz，内存 3GB，显示器分辨率为 1680×1050
		数据库运行的操作系统（包括操作系统名称、版本）	Microsoft Windows XP professional 2002
		使用的数据库系统（包括数据库系统名称、版本）	MapGIS 6.7
		与其他相关应用系统的关系	无
3	数据库管理系统体系结构	数据库管理系统的体系结构图（框图表示）	无
		数据库管理系统的高层流程图（高层数据流图、高层控制流图）	无
4	数据库管理系统功能	数据库管理系统的主要功能描述（逐一描述）	无
5	数据库概念模型	数据库概念模型（用 E-R 图描述）	无

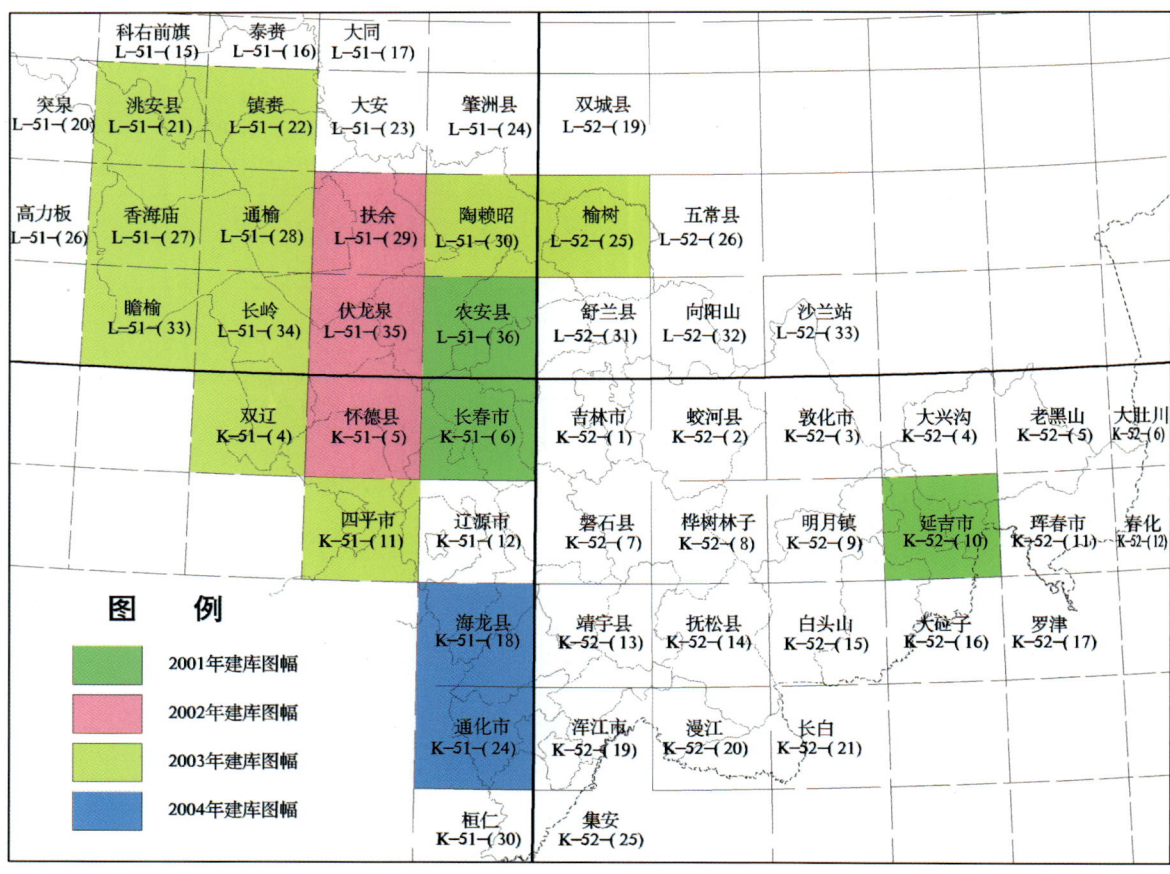

图 3-8-1　吉林省水文地质图空间数据库工作程度图

第四章 相关地质数据库维护

吉林省现有的地学数据库中1∶20万地球化学水系沉积物测量数据库、1∶20万水文地质图空间数据库、1∶20万自然重砂数据库，由于没有再开展相应的工作，故未进行维护；1∶20万航磁数据库是由原中国国土资源部航空物探遥感中心下发，1∶20万重力数据库是由中国地质调查局信息发展研究中心下发，未进行维护。1∶5万地质图空间数据库还在建设中，我们主要是对矿产地数据库、地质工作程度数据库、1∶20万区域地质图空间数据库进行了维护。

第一节 矿产地数据库维护

吉林省矿产地数据库的维护工作主要包括数据核查、补充调整属性结构以及补充尚未入库的新资料。

吉林省矿产地数据库的核查工作主要包括矿产地重复信息核查、错误信息核查、未入库矿产地信息核查，以及检查数据库中的数据。核查方法：由长期从事矿产地质工作的人员浏览每一条记录、每一个字段，对地理经度、地理纬度、矿产规模、矿床成因类型、储量等加以特别关注。

在矿产地数据库中的矿产地基本信息属性表中增加维护识别字段，将维护更改情况在扩充字段中加以说明，维护说明字段长7字节，字符型。工作人员在《矿产地数据库建设工作指南》规定的数据结构框架下录入数据时发现有个别属性字段定义长度不能满足实际工作需要，为保证录入数据的准确性和可靠性，我们对部分字段长度进行了扩充，扩充的字段详见表4-1-1。

表4-1-1 部分属性字段长度变化说明表

表名	字段名	原长度	现长度
MCTZ	MCAFH（煤层累计厚度）	N7	双精度
XKSY	XYACB（精矿品位）	C40	C240
XKSY	XYACA（入选矿石品位）	C40	C240
XKSY	XYACD（尾矿品位）	C40	C240
KCJS	SWJDAC（矿坑最大涌水量）	N6	双精度
KCKC	PKIIA（报告名称）	C40	C140
KCKC	PKIIL（报告审批文号）	C30	C140
KCJJ	J_GDB（基本建设投资）	N6	双精度
KCJJ	JJGJAD（总利润）	N6	双精度

自矿产地数据库建成及几次维护后，截至2011年底吉林省新发现和可收集矿产地数据资料增加了454份，特别是与本次资源潜力预测评价有关的25个矿种（煤炭、铀、铁、铜、铝、铅、锌、锰、镍、钨、锡、钾、金、铬、钼、锑、稀土、银、硼、锂、磷、硫、萤石、菱镁矿、重晶石）的大型、中型、小型矿床以及矿点和矿化点信息，按照《矿产地数据库建设工作指南》要求进行数据的收集、入库工作。数据库维护情况详见表4-1-2。

表 4-1-2　吉林省矿产地数据库维护情况

序号	维护大类	维护子类	维护情况内容
1	数据库维护基本情况	数据库名称	矿产地数据库
		数据库维护主要内容	1. 检查矿产地数据库,删除重复矿产地。 2. 补充调整属性结构。 3. 补充尚未入库矿产地
		数据库维护技术要求	《全国矿产资源潜力评价项目数据库维护工作技术要求》《省级矿产地数据库更新维护标准》
		元数据维护情况	按《地质信息元数据标准》(DD2006-05)建立了 *.xml 和 *.txt 的元数据文件
		维护前数量	中国地质调查局下发 438 个矿产地记录
		维护后数量	维护后矿产地贵金属 265 个、有色金属 117 个、黑色金属 112 个、能源矿产 18 个、冶金辅料 71 个、化工原料 46 个、建材 195 个、非金属 16 个,共计 892 个矿产地记录
		新增数量	截至 2011 年年底,新增 454 个矿产地记录
		若为空间数据,其覆盖范围、比例尺、坐标参数(大地坐标系统、高程基准、地图椭球参数、地图投影类型)	矿产地分布全省,地理坐标系统
		数据库维护负责人及主要技术人员	负责人:刘冶兵。主要技术人员:刘冶兵、戴薪义
		数据库维护资料来源	吉林省地质资料馆
		数据库维护存在的主要问题描述	无
		数据库其他情况描述	无
2	数据库概念模型维护情况	数据库概念模型变化情况	无变化
3	数据库维护后地质工作程度略图	地质数据库附工作程度略图	见图 4-1-1
4	数据库维护工作流程	数据库维护工作流程框图	见图 4-1-2
5	数据库维护验收情况	数据库维护工作完成情况	完成
		数据库维护工作验收情况	中国地质调查局发展研究中心组织验收,结果为优秀

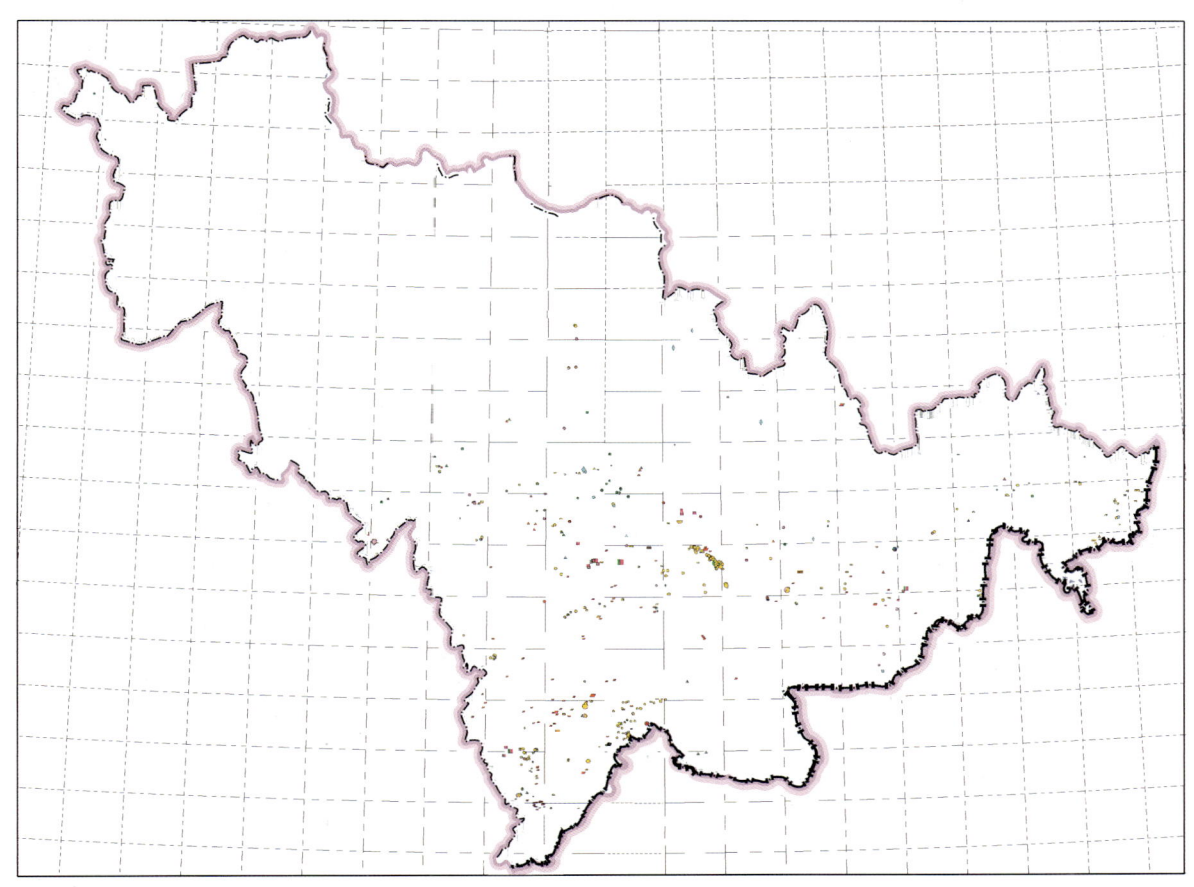

图 4-1-1　矿产地数据库工作程度略图

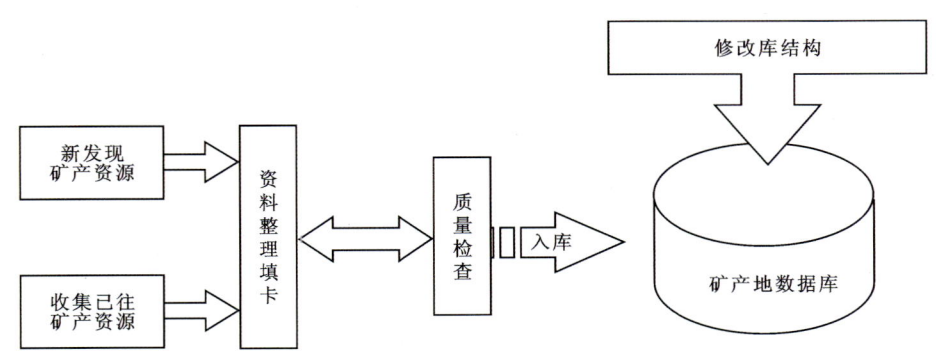

图 4-1-2　矿产地数据库维护工作流程框图

第二节　地质工作程度数据库维护

吉林省地质工作程度数据库的维护工作主要包括资料收集、属性卡片填写、属性数据检查、属性数据录入等，维护工作流程详见图 4-2-1。

利用全国地质工作程度数据库数据综合组下发的"全国地质工作程度数据库维护软件",对吉林省工作程度数据库进行数据检查工作。

吉林省地质工作程度数据库于 2002 年建成,数据库中有 2095 条记录,自 2008 年开始将维护纳入常态工作中,并逐年维护,截至 2011 年底数据量为 2842 条记录,新增 747 条记录,详见表 4-2-1。

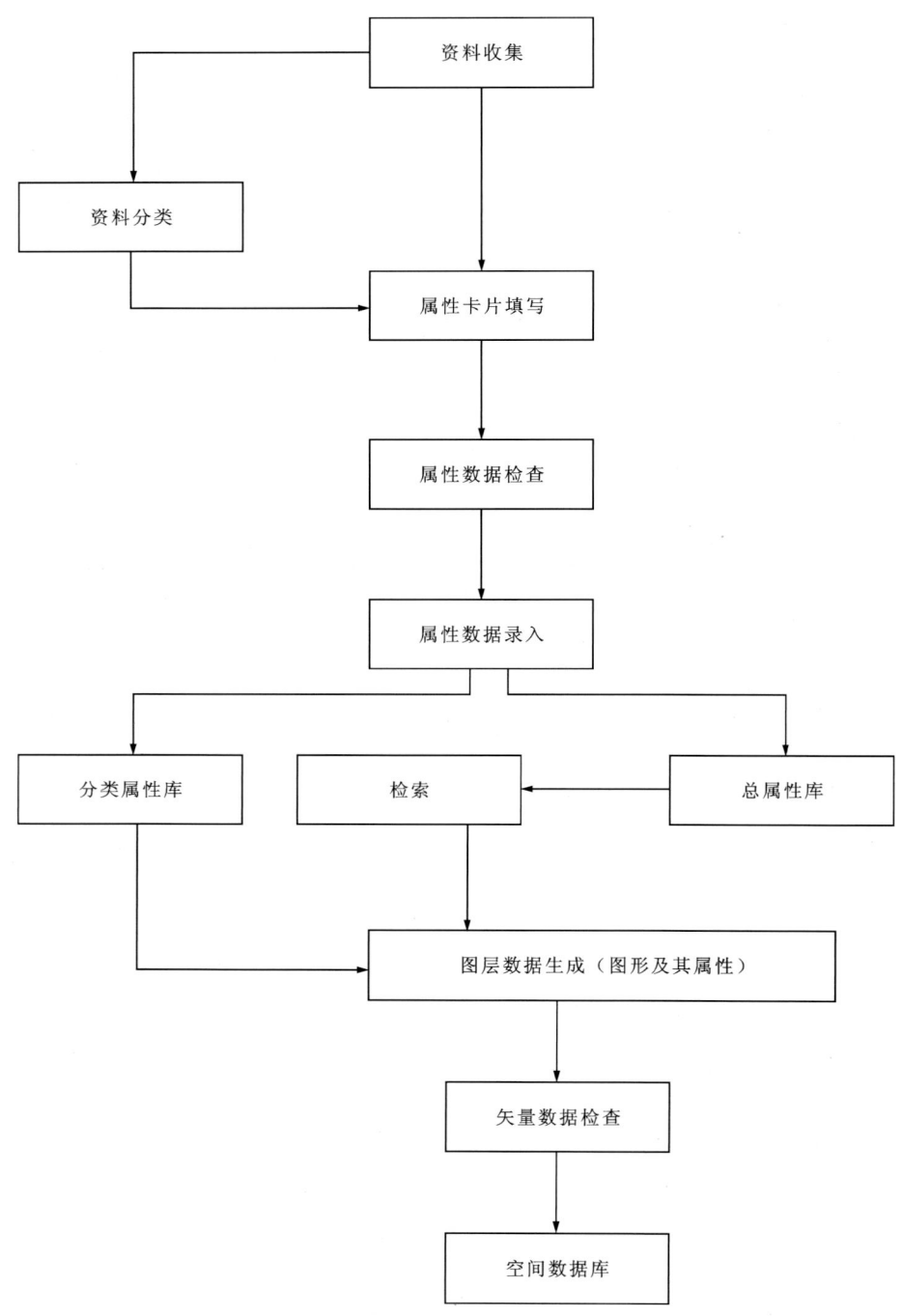

图 4-2-1 吉林省地质工作程度数据库维护工作流程框图

表 4-2-1　吉林省地质工作程度数据库维护情况

序号	维护大类	维护子类	维护情况内容
1	数据库维护基本情况	数据库名称	工作程度数据库
		数据库维护主要内容	1.检查补充完善原工作程度数据库。 2.收集整理本省地调工作相关资料,同时对已往没有收集的区域性物化探扫面工作资料进行收集整理,完善工作程度数据库信息结构
		数据库维护技术要求	《全国地质工作程度数据库建设工作指南》《数据库维护技术手册》
		元数据维护情况	本次维护使用中国地质调查局2006年12月发布的《地质信息元数据标准》(DD 2006-05)的元数据采集器,重新填写的元数据
		维护前数量	中国地质调查局下发2095条工作程度记录
		维护后数量	2842条工作程度记录
		新增数量	截至2011年底新增747条记录
		若为空间数据,其覆盖范围、比例尺、坐标参数(大地坐标系、高程基准、地图椭球参数、地图投影类型)	数据覆盖全省,地理坐标系统
		数据库维护负责人及主要技术人员	负责人:刘冶兵。主要技术人员:刘冶兵、戴薪义
		数据库维护资料来源	吉林省地质资料馆
		数据库维护存在的主要问题描述	无
		数据库其他情况描述	无
2	数据库概念模型维护情况	数据库概念模型变化情况	无变化
3	数据库维护后地质工作程度略图	地质数据库附工作程度略图	见图4-2-1
4	数据库维护工作流程	数据库维护工作流程框图	
5	数据库维护验收情况	数据库维护工作完成情况	完成
		数据库维护工作验收情况	中国地质调查局发展研究中心组织验收,结果为优秀

第三节　1∶20万区域地质图空间数据库维护

按照《地质图空间数据库建库指南(2.0版)》对1∶20万区域地质图空间数据库进行全面维护,维护的主要内容按资源潜力评价项目的统一标准、统一系统库要求进行,并将吉林省数据库使用的"True-Type字库"转成资源潜力评价项目所规定的统一系统库,需要转换的内容包括区颜色、地质注记、花纹符号及各种子图。

维护结果包括重新录入30个标准图幅图面的地质注记、花纹等,转换30个标准图幅的产状、蚀变、化石、火山口等;重新为长春市幅的断层赋予属性,改正舒兰县幅的地层图层属性;删除原库的重叠线,统一了系统库(表4-3-1)。

表4-3-1　吉林省1∶20万区域地质图空间数据库维护情况

序号	维护大类	维护子类	维护情况内容
1	数据库维护基本情况	数据库名称	1∶20万区域地质图空间数据库
		数据库维护主要内容	1. 检查、补充并完善原地质图数据库。 2. 修改原注释及属性,更新系统库。 3. 转换坐标系统
		数据库维护技术要求	《中华人民共和国行政区划代码》(GB/T 2260—1999) 《区域地质图图例(1∶50 000)》(GB 958—1989) 《地质矿产术语分类代码》(GB/T 9649—1988) 《国家基本比例尺地形图分幅和编号》(GB/T 13989—92) 《地质图用色标准及用色原则》(DZ/T 0179—1997) 《国土基础信息数据分类代码》(GB/T 13923—92) 《地质图空间数据库建设工作指南(2.0版)》
		元数据维护情况	本次维护使用中国地质调查局2006年12月发布的《地质信息元数据标准》(DD 2006-05)的元数据采集器,重新填写的元数据
		维护前数量	中国地质调查局下发37幅
		维护后数量	30幅
		新增数量	
		若为空间数据,其覆盖范围、比例尺、坐标参数(大地坐标系统、高程基准、地图椭球参数、地图投影类型)	覆盖全省,比例尺:1∶20万 坐标参数:两套坐标参数 1. 坐标系类型:投影平面直角 　椭球参数:北京54/克拉索夫斯基 　投影类型:高斯-克吕格 2. 坐标系类型:地理坐标系 　椭球参数:北京54/克拉索夫斯基 　投影类型:地理坐标系

续表 4-3-1

序号	维护大类	维护子类	维护情况内容
1	数据库维护基本情况	数据库维护负责人及主要技术人员	负责人:王立民。主要技术人员:任光、李桂芝、崔丹、曲洪晔
		数据库维护资料来源	吉林省地质资料馆1:20万地质图和报告
		数据库维护存在的主要问题描述	同一地层在不同图幅中使用的颜色不同
		数据库其他情况描述	
2	数据库概念模型维护情况	数据库概念模型变化情况	无
3	数据库维护后地质工作程度略图	地质数据库附工作程度略图	见图 4-3-1
4	数据库维护工作流程	数据库维护工作流程框图	见图 4-3-2
5	数据库维护验收情况	数据库维护工作完成情况	对原坐标系统进行了转换,原"地质符号库"更新为"统一系统库"
		数据库维护工作验收情况	全国矿产资源潜力评价综合信息集成项目组在2011年5月15日至2011年5月20日验收吉林省"1:20万区域地质图空间数据库"

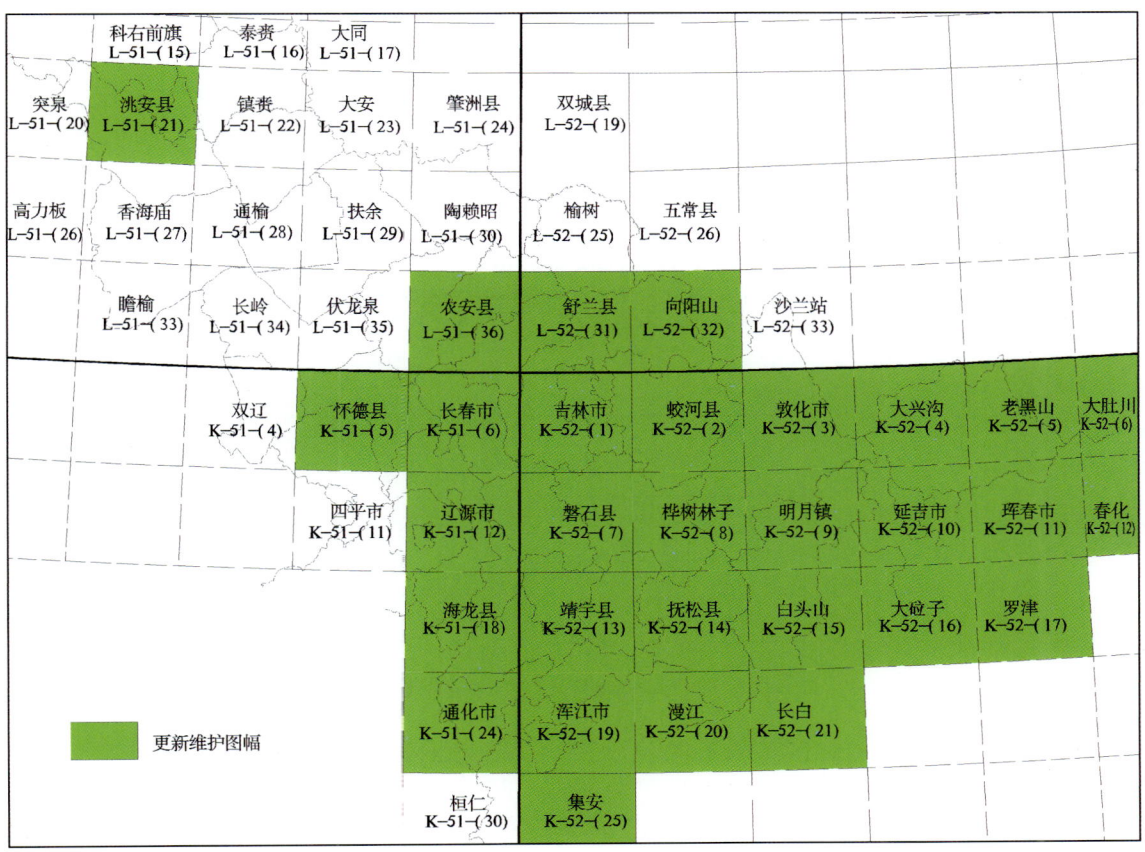

图 4-3-1　吉林省 1:20 万地质图空间数据库维护工作程度图

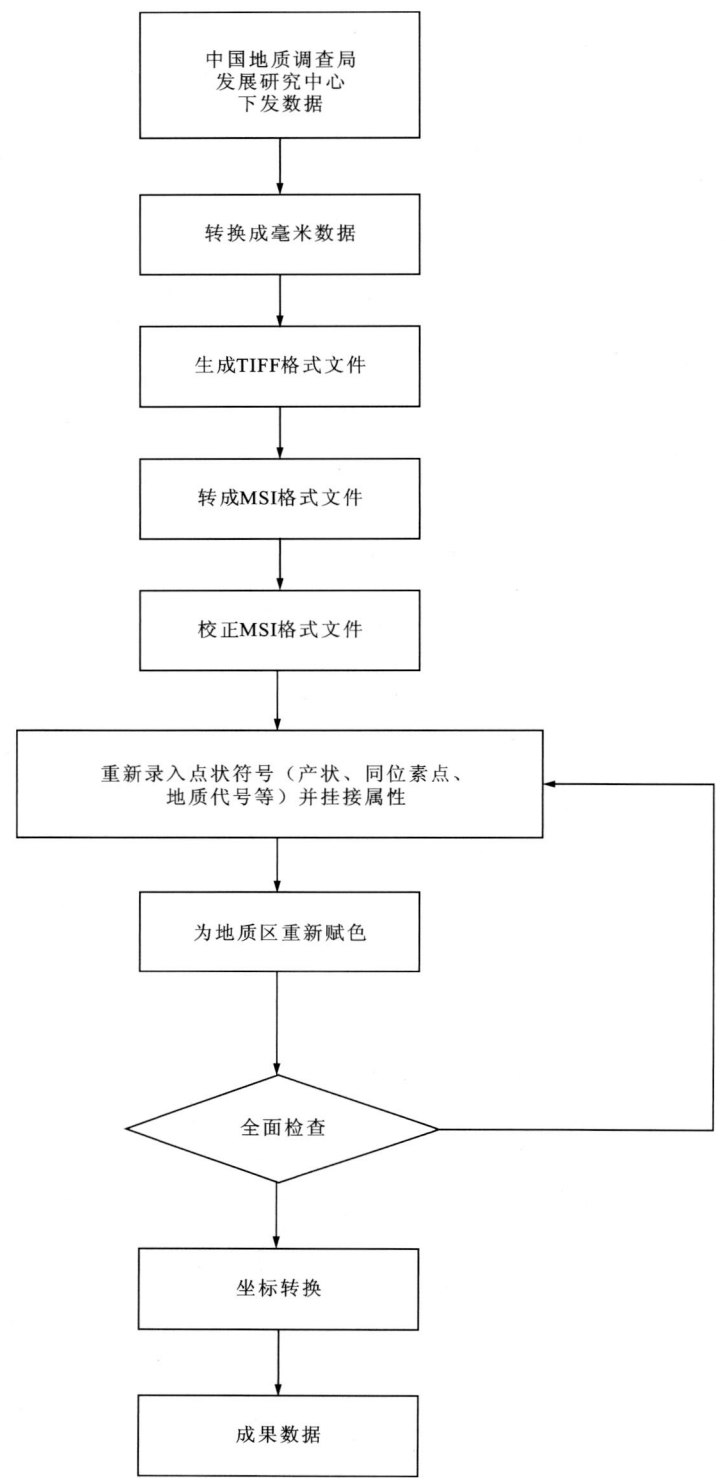

图 4-3-2　吉林省 1∶20 万区域地质图空间数据库维护工作流程框图

第五章 矿产资源潜力评价专题属性数据库建设支撑

矿产资源潜力评价项目是综合研究性项目，需要参考许多资料，形成大量成果图件，按照矿产资源潜力评价项目组"一图一库"要求，要建立大量的数据库。综合信息集成专题组的主要任务包括协助各项目组完成吉林省矿产资源潜力评价工作成果数据库的建设工作和为吉林省矿产资源潜力评价项目的其他专题提供计算机及 GIS 技术支持，即为成矿地质背景研究专题组、区域成矿规律专题组、矿产预测专题组、重力资料应用研究专题组、磁测资料应用研究专题组、化探资料应用专题组、遥感资料应用专题组、自然重砂资料应用专题组提供基础数据库，并为其他专题组提供软件使用及数据库建库的技术支持。

第一节 技术支持

综合信息集成专题的总体思路是以满足吉林省矿产资源潜力预测评价项目工作需求为目标，为其他项目组提供 GIS 技术支持。

一、基础资料支持

利用已有的吉林省 1∶50 万地质图空间数据库、1∶20 万地质图空间数据库、区域重力数据库、航磁数据库、区域地球化学数据库、1∶20 万自然重砂数据库、矿产地数据库，为成矿地质背景研究专题组、区域成矿规律专题组、矿产预测专题组、磁测资料应用专题组、重力资料应用专题组、化探资料应用研究专题组、遥感资料应用专题组和自然重砂资料应用专题组提供第一手翔实、可靠的基础数据资料。

二、工具软件使用的技术支持

为了更好地为矿产资源潜力评价项目其他专题组提供支持，综合信息集成组必须掌握各专业应用软件及数据模型，并应用于矿产资源调查评价工作中，为其他项目组提供支持。主要工具软件包括重磁电数据处理解释软件、多元地学空间数据管理与分析系统（GeoExpl）、地质图编图软件工具、矿产资源综合信息评价系统（MRAS2.0）及模型软件（GeoMAG）。这些资源评价应用软件涵盖了数据处理、综合、预测评价及数据结构规范和检查等矿产资源评价的全过程，提供了有力的地质、物探、化探数据处理、信息提取和综合的软件工具，为矿产预测和矿产资源潜力评价工作开辟了信息技术途径，有效地促进了矿产预测方法技术的发展。

三、数据库建设方法技术支持

对其他项目组人员进行软件使用培训，主要是对图形矢量化、编辑及拓扑建区等方法和技巧进行培训，修改检查出的拓扑错误；利用全国矿产资源潜力评价项目办公室下发的软件规范数据库属性结构及属性挂接等数据库建设方法的讲解来提供技术支持。

第二节　专题属性数据库建设方法

一、专题属性数据库建设依据标准

（1）中国地质调查局发展研究中心，《全国矿产资源潜力评价数据模型丛书 成矿地质背景研究数据模型》，地质出版社，2011。

（2）中国地质调查局发展研究中心，《全国矿产资源潜力评价数据模型丛书 矿产预测研究数据模型》，地质出版社，2011。

（3）中国地质调查局发展研究中心，《全国矿产资源潜力评价数据模型丛书 成矿规律研究数据模型》，地质出版社，2011。

（4）中国地质调查局发展研究中心，《全国矿产资源潜力评价数据模型丛书 重力资料应用数据模型》，地质出版社，2011。

（5）中国地质调查局发展研究中心，《全国矿产资源潜力评价数据模型丛书 磁测资料应用数据模型》，地质出版社，2011。

（6）中国地质调查局发展研究中心，《全国矿产资源潜力评价数据模型丛书 化探资料应用数据模型》，地质出版社，2011。

（7）中国地质调查局发展研究中心，《全国矿产资源潜力评价数据模型丛书 遥感资料应用数据模型》，地质出版社，2011。

（8）中国地质调查局发展研究中心，《全国矿产资源潜力评价数据模型丛书 重砂资料应用数据模型》，地质出版社，2011。

（9）中国地质调查局发展研究中心，《全国矿产资源潜力评价数据模型丛书 数据项下属词规定（上、下册）》，地质出版社，2011。

（10）中国地质调查局发展研究中心，《全国矿产资源潜力评价数据模型 成矿区带分区代码规定分册》，地质出版社，2011。

（11）中国地质调查局发展研究中心，《全国矿产资源潜力评价数据模型 大地构造分区代码规定（上、下册）》，地质出版社，2011。

（12）中国地质调查局发展研究中心，《全国矿产资源潜力评价数据模型 通用代码规定》，地质出版社，2011。

（13）中国地质调查局发展研究中心，《全国矿产资源潜力评价数据模型 空间坐标系统及其参数规定分册》，全国矿产资源潜力评价项目办公室，2009。

（14）中国地质调查局发展研究中心，《全国矿产资源潜力评价数据模型 统一图例规定分册》，全国矿产资源潜力评价项目办公室，2019。

（15）中国地质调查局发展研究中心，《全国矿产资源潜力评价数据模型 统一图式规定分册》，全国矿产资源潜力评价项目办公室，2019。

（16）中国地质调查局发展研究中心，《全国矿产资源潜力评价数据模型 元数据规定分册》，全国矿产资源潜力评价项目办公室，2019。

（17）中国地质调查局发展研究中心，《全国矿产资源潜力评价数据模型 编图说明书提纲分册》，全国矿产资源潜力评价项目办公室，2019。

（18）中国地质调查局发展研究中心，《全国矿产资源潜力评价数据模型 地理信息分册》，全国矿产资源潜力评价项目办公室，2019。

二、专题属性数据库建设工作流程

专题属性数据库建设分为3个阶段:第一阶段(2009—2010年)是省级基础图件、与铁矿种有关的图件数据库建设;第二阶段(2010—2011年)是与金、铜、铅锌、钨、磷、锑、稀土矿种有关的数据库建设;第三阶段(2011—2012年)是与镍、铬、银、钼、硫铁矿、硼、萤石矿种有关的数据库建设。具体工作流程如图5-2-1所示。

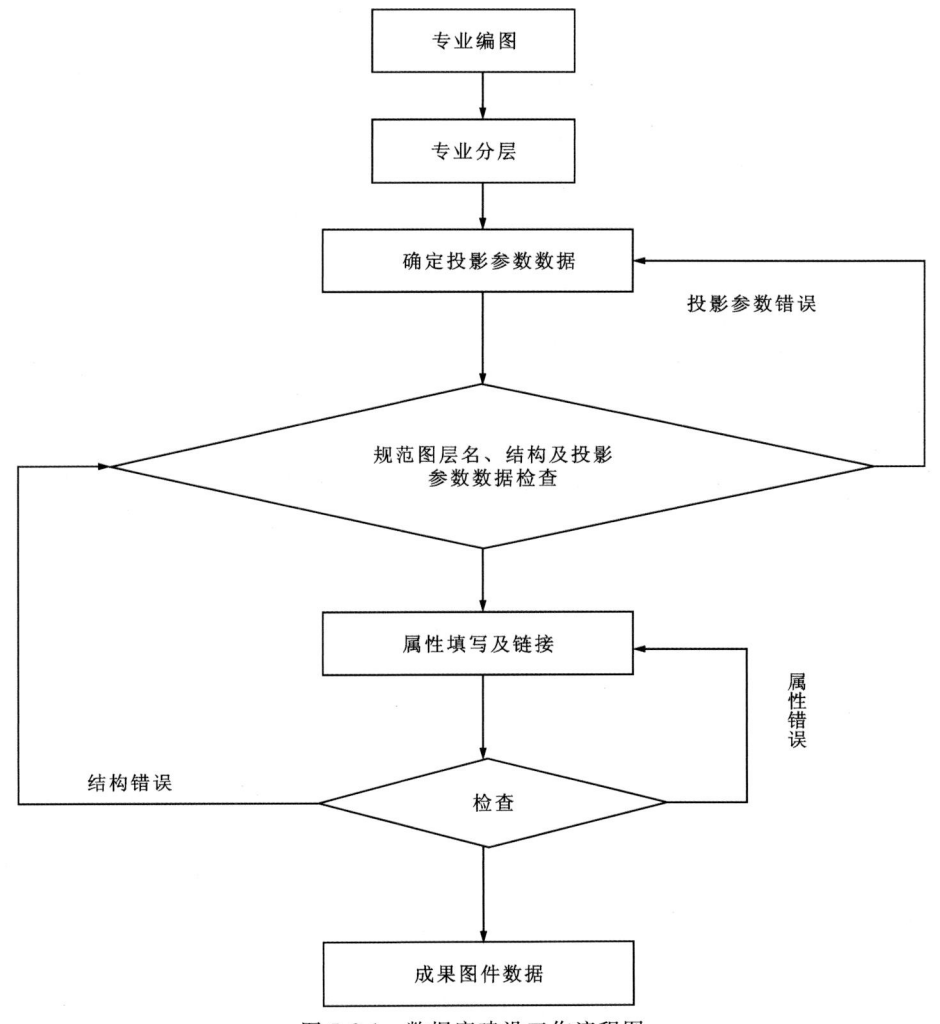

图 5-2-1 数据库建设工作流程图

三、工作软件

吉林省矿产资源潜力评价项目在工作过程中,数据处理及专题属性数据库建设所使用软件如下。
基础地理信息系统软件——MapGIS 6.7
数据模型规范及属性质量检查软件——GeoMAG 3.1
图件空间拓扑检查软件——GeoTOK 3.1
资料性成果集成建库软件——GeoPEX
区域重力数据库管理软件——RGIS 2.0

区域地球化学数据管理信息系统——GeoMDIS 2005
多元地学空间数据库管理与分析系统——GeoEXPL 2005
遥感图像数据处理软件——Erdas、PCI
自然重砂数据库系统——ZSAPS
矿产资源综合信息评价系统——MRAS 2.0

四、采用大地坐标系及高程基准

大地坐标系均采用北京54坐标系统、1956黄海高程基准,如表5-2-1所示。

表5-2-1 大地坐标系及地球椭球参数

大地坐标系	地球长半轴/m	地球短半轴/m	偏心率	扁率
北京54坐标系	6 378 245.000 000 00	6 356 863.018 773 05	0.081 813 334 016 931 2	0.003 352 329 869 259 15

矿产资源潜力评价项目统一要求图件投影坐标的单位为毫米、图件经纬坐标的单位为十进制。吉林省图件成图比例尺及投影规定如表5-2-2所示。

表5-2-2 吉林省图件成图比例尺及投影规定

成图比例尺	地图投影类型规定	地图投影参数规定(单位说明:经纬度使用DDDMMSS、偏移使用米、变形因子无单位)					
		投影原点经度	投影原点纬度	标准割纬度1	标准割纬度2	假东偏移	假北偏移
1:250万	兰勃特正轴圆锥投影	1050000	120000	250000	470000	0.00	0.00
1:150万 1:100万 1:50万		1263000	404000	420000	460000	0.00	0.00
		投影分带方式	投影原点经度	投影原点纬度	中央经线比例变形因子	假东偏移	假北偏移
1:25万 1:20万 1:10万 1:5万 1:2.5万	高斯-克吕格投影	6度分带	依6度分带带号决定投影原点经度(中央经线经度)	000000	1.00	500000	0.00
>1:2.5万		3度分带	依3度分带带号决定投影原点经度(中央经线经度)	000000	1.00	500000	0.00

五、图件编制

1. 基础图件

基础地理部分采用全国矿产资源潜力评价项目办统一提供的 1∶25 万、1∶50 万 2 种比例尺的基础地理信息图件或数据库。

2. 专业图件编制

图件在编制过程中,严格执行矿产资源潜力评价项目及各专业的相关标准,MapGIS 系统库统一使用矿产资源潜力评价项目组提供的系统库。

专业图件编制由专业技术人员确定图的图面内容,计算机操作人员进行矢量化制图。在收集的资料中,数字化资料一般直接使用,纸介质图件采用图形扫描矢量化。

3. 专业分层

各专业组依据全国矿产资源潜力评价数据模型的要求进行数据分选,建立专业图层文件。

4. 地图参数确定

根据每个图幅经纬度坐标,利用 MapGIS 软件生成图框,生成的图框本身就带有投影参数,在 MapGIS 输入编辑模块下新建一个工程,从文件中导入图件地图参数,如图 5-2-2 所示。

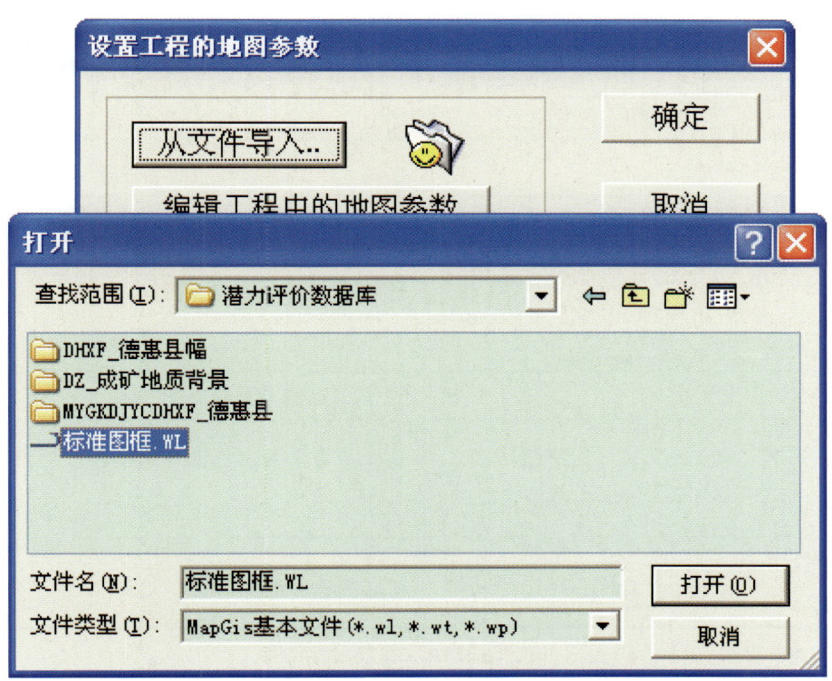

图 5-2-2　从图件导入参数

5. 规范属性结构及地图参数检查

图件在经过编辑及分层、拓扑检查无误后,利用 GeoMAG 软件对图件进行属性结构规范,同时对地图参数进行检查,若地图参数错误就无法规范属性结构,在规范属性结构同时规范了图层文件的名称,具体流程如图 5-2-3～图 5-2-5 所示。

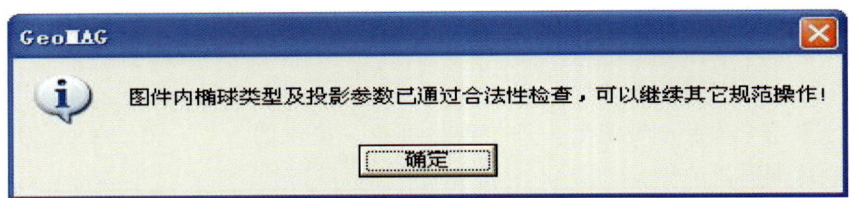

图 5-2-3　参数检查结果

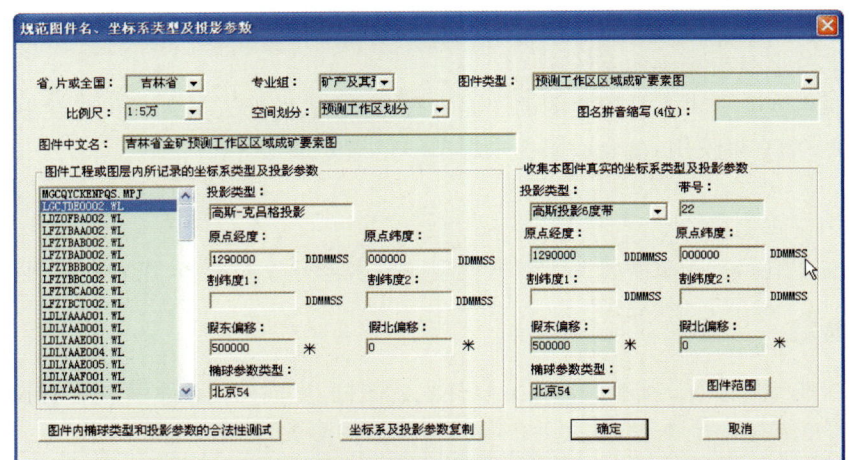

图 5-2-4　GeoMAG 规范名称

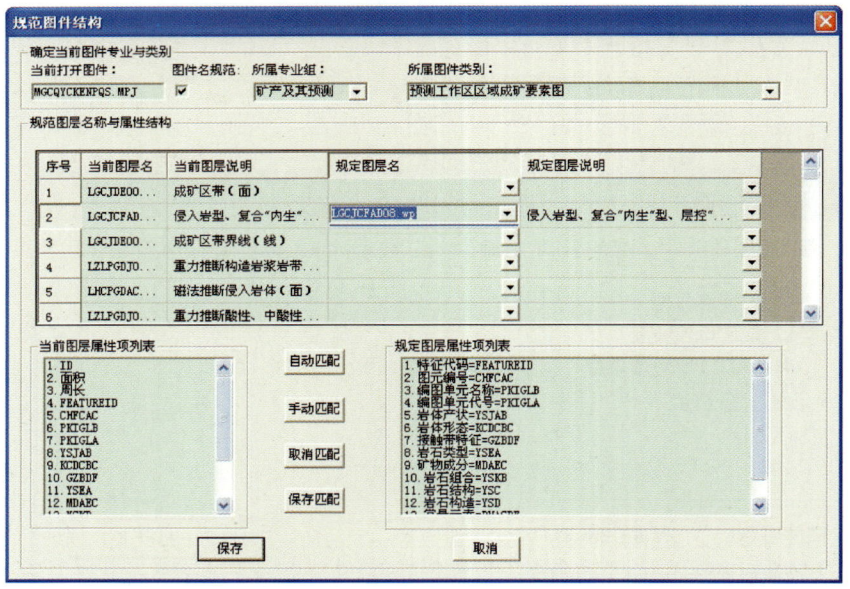

图 5-2-5　GeoMAG 规范属性结构

6. 属性录入

各专业图层的属性由专业技术人员按属性字段要求的内容填写,参考《全国矿产资源潜力评价数据模型丛书 数据项下属词规定(上、下册)》及相关专业标准。其中部分属性已标准化,即规定了下属词,这部分属性在填写和录入时必须严格按数据库模型规定填写和录入。

属性填写过程中，对《全国矿产资源潜力评价数据模型》中规定的"必填"项必须填写准确、完整，确保属性数据的填写率。

属性内容中对地质注记内容的上下角标进行了统一规定，上角标用"↑"表示，下角标用"↓"表示，还原用"→"表示。如"J_3g"表示为"J↓3→g"。

7. 属性检查

利用 GeoMAG 软件中图件辅助工具下的"检查图件数据"功能进行属性检查，如图 5-2-6 所示，检查结果生成 Excel 文件，根据检查结果文件中提示的错误对数据库进行相应的修改，如图 5-2-7、图 5-2-8 所示。

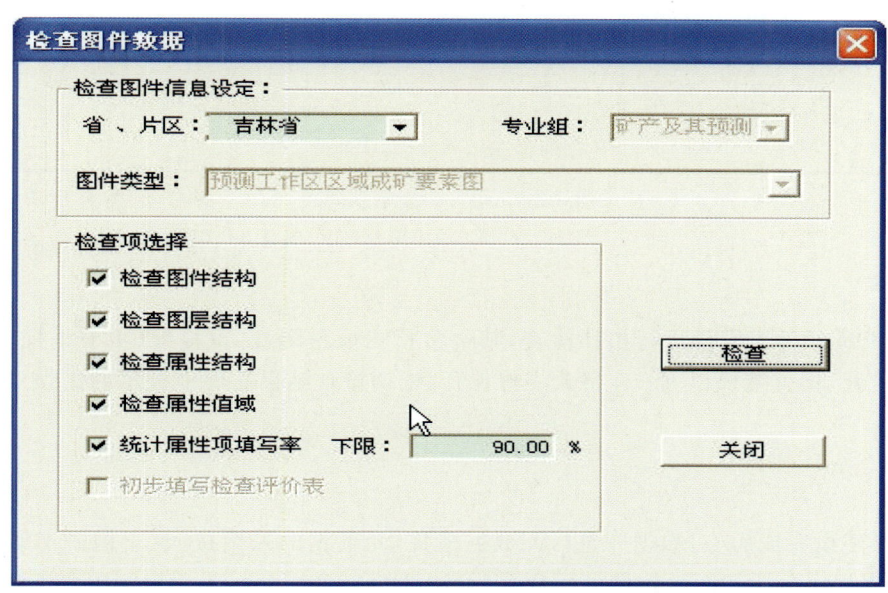

图 5-2-6　GeoMAG 属性检查功能界面

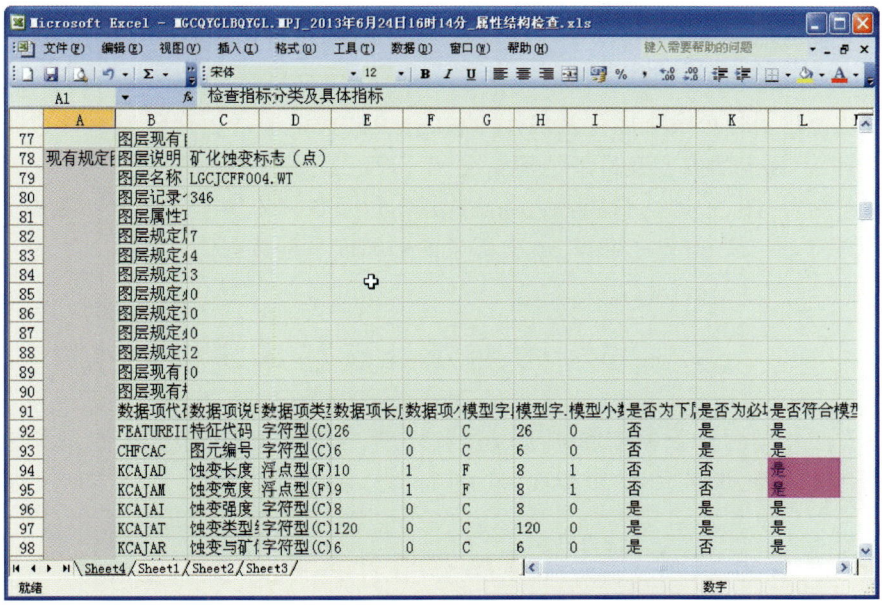

图 5-2-7　属性结构检查错误列表

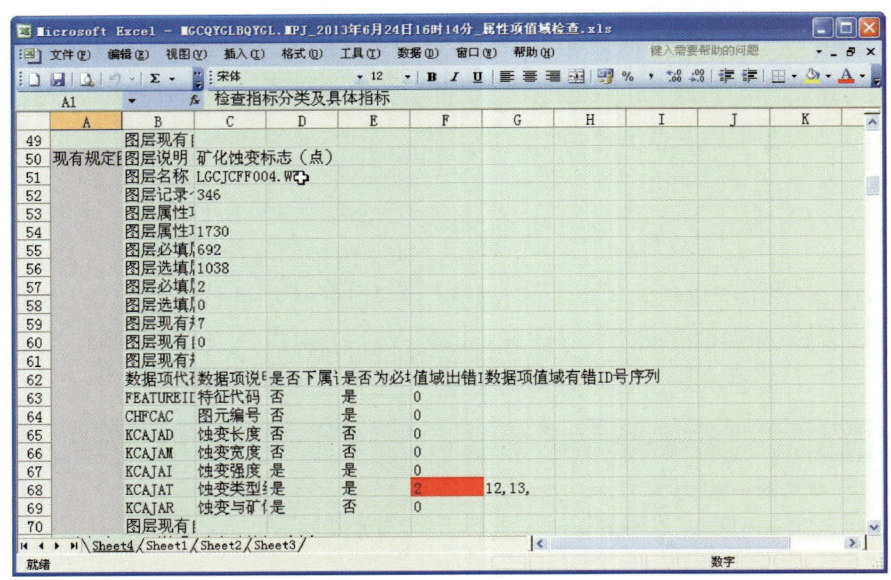

图 5-2-8 值域检查错误列表

8. 拓扑检查

利用 GeoTOK 软件对图件进行拓扑检查,其中包括图形封闭性、重叠线、重叠坐标、弧线套合性即拓扑一致性等检查,检查结果以 Excel 格式文件保存,根据检查结果文件中提示的错误对数据库进行相应的修改。

9. 元数据

空间数据库建设完成后,对数据库进行元数据采集,元数据的采集按照《全国矿产资源潜力评价数据库模型 元数据规定分册》和《地质信息元数据标准》(DD 2006-05),采用全国矿产资源潜力评价项目办公室下发的《元数据采集器》进行数据采集,生成"＊.txt""＊.xml"两种格式文件。

六、数据库提交格式

吉林省矿产资源潜力评价成果图件及属性库按《省级矿产资源潜力评价资料性成果图件及属性库复核汇总技术方案》中规定的内容及目录结构提交。

提交的数据包括"一图、一库、一说明书、一元数据",以及数据库清单等内容。在提交图件及属性库投影坐标数据的同时,提交一套基于北京54坐标系的经纬度坐标数据。

第三节 专题属性数据库建设

数据库分为省级基础图件数据库和矿种(组)数据库,吉林省对铁、金、铜、铅、锌、钨、磷、锑、稀土、镍、铬、银、钼、硫、硼、萤石、煤炭共17个矿种(组)进行潜力评价预测。

一、省级矿产资源潜力评价基础地质图件及属性库

省级矿产资源潜力评价基础地质图件主要包括按1:25万国际标准图幅的实际材料图、建造构造

图、遥感影像图、遥感成果图及属性库,以及吉林省范围编制的重力、磁测、化探、重砂等各专业基础图件及属性库,如图 5-3-1、表 5-3-1 所示。

吉林省省级矿产资源潜力评价基础地质编图共完成图件及属性库 235 幅。分幅实际材料图 20 幅、分幅建造构造图 20 幅、省级大地构造相图 1 张、分幅遥感矿产地质特征解译图 19 幅、分幅遥感羟基异常分布图 19 幅、遥感省级成果图 2 张、重力成果图件 5 张、磁测成果图件 7 张、化探成果图件 94 张、重砂成果图件 28 张、省级区域规律图 1 张。

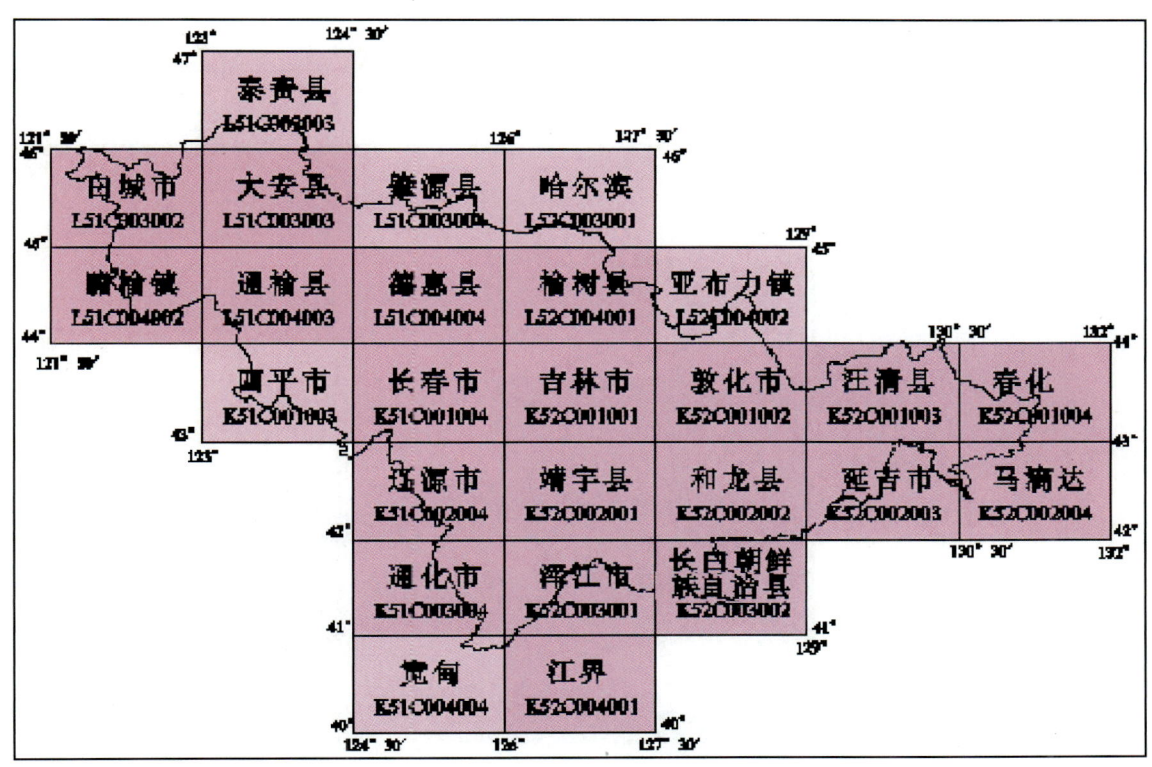

图 5-3-1　吉林省 1∶25 万标准分幅接图表

1. 地质背景图件及属性库

地质背景基础图件包括 1∶25 万实际材料图、1∶25 万建造构造图和全省大地构造相图;完成大地构造相图 1 张及相关图件 6 张,分幅实际材料图及建造图按全国矿产资源潜力评价"1∶25 万分幅地质背景编图工作分配"规定各完成 20 张,如表 5-3-1、图 5-3-2 所示。

表 5-3-1　吉林省 1∶25 万实际材料图、建造构造图编图建库图幅

序号	图幅名称	图幅编号	序号	图幅名称	图幅编号
1	白城市	L51C003002	11	敦化市	K52C001002
2	大安县	L51C003003	12	汪清县	K52C001003
3	蟾榆镇	L51C004002	13	春化	K52C001004
4	通榆县	L51C004003	14	靖宇县	K52C002001
5	德惠县	L51C004004	15	和龙县	K52C002002

续表 5-3-1

序号	图幅名称	图幅编号	序号	图幅名称	图幅编号
6	榆树县	L52C004001	16	延吉市	K52C002003
7	长春市	K51C001004	17	马滴达	K52C002004
8	辽源市	K51C002004	18	白山市（浑江市）	K52C003001
9	通化市	K51C003004	19	长白朝鲜族自治县	K52C003002
10	吉林市	K52C001001	20	江界	K52C004001

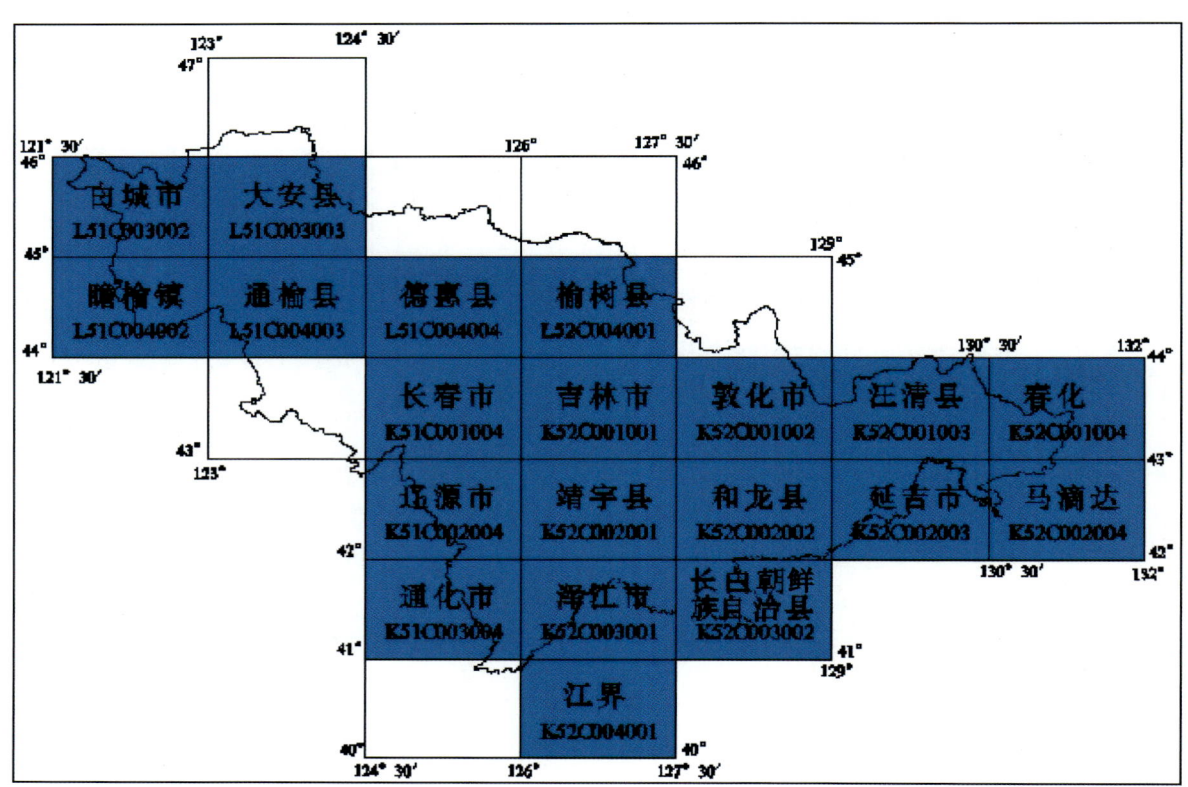

图 5-3-2　吉林省 1∶25 万实际材料图、建造构造图编图建库图幅分布图

2. 重力成果图件及属性库

重力成果图件及属性库主要包括吉林省重力工作程度图、布格重力异常图、剩余重力异常图（30km×30km）、剩余重力异常图（14km×14km）、重力推断地质构造图，每个图 1 张。

图件编制及属性库建设主要依据《全国矿产资源潜力评价数据模型丛书 重力资料应用数据模型》中有关省级重力工作程度图、省级布格重力异常图、省级剩余重力异常图、省级重力推断地质构造图的图件及属性库规定完成。图件、图层按模型中"图件及其图层命名清单"命名，属性库、数据表按模型中"图件属性库及其属性表命名清单"命名，属性数据按"属性数据表定义及填写规定"填写，编图说明书按"文档清单"命名。

3. 磁测成果图件及属性库

磁测专业成果图件及属性库包括吉林省航磁工作程度图、地磁工作程度图、航磁 ΔT 等值线平面图、航磁 ΔT 化极等值线平面图、航磁 ΔT 化极垂向一阶导数等值线平面图、磁异常分布图、磁法推断地质构造图各 1 张。

图件编制及属性库建设主要依据《全国矿产资源潜力评价数据模型丛书 磁测资料应用数据模型》中有关省级航磁工作程度图、地磁工作程度图、航磁 ΔT 等值线平面图、航磁 ΔT 化极等值线平面图、航磁 ΔT 化极垂向一阶导数等值线平面图、磁异常分布图、磁法推断地质构造图的图件及属性库规定完成。图件、图层按模型中"图件及其图层命名清单"命名,属性库、数据表按模型中"图件属性库及其属性表命名清单"命名,属性数据按"属性数据表定义及填写规定"填写,编图说明书按"文档清单"命名。

4. 化探成果图件及属性库

化探专业成果图件及属性库主要包括吉林省地球化学景观图 1 张、地球化学工作程度图 1 张、单元素地球化学图 39 张、单元素地球化学异常图 39 张、地球化学综合异常图 13 张、地球化学推断地质构造图 1 张,共 94 张。

图件编制及属性库建设主要依据《全国矿产资源潜力评价数据模型丛书 化探资料应用数据模型》中有关省级地球化学景观图、地球化学工作程度图、单元素地球化学图、单元素地球化学异常图、地球化学综合异常图、地球化学推断地质构造图的图件及属性库规定完成。图件、图层按模型中"图件及其图层命名清单"命名,属性库、数据表按模型中"图件属性库及其属性表命名清单"命名,属性数据按"属性数据表定义及填写规定"填写,编图说明书按"文档清单"命名。

5. 遥感成果图件及属性库

遥感成果主要包括吉林省遥感构造解译图 1 张、遥感异常组合图 1 张、1∶25 万分幅遥感影像图 19 张、分幅遥感矿产地质特征解译图 19 张、分幅遥感羟基异常分布图 19 张、分幅遥感铁染异常分布图 19 张,共计 78 张。

图件编制及属性库建设主要依据《全国矿产资源潜力评价数据模型丛书 遥感资料应用数据模型》中有关省级遥感构造解译图、遥感异常组合图、分幅遥感影像图、分幅遥感矿产地质特征解译图、分幅遥感羟基异常分布图、分幅遥感铁染异常分布图的图件及属性库规定完成。图件、图层按模型中"图件及其图层命名清单"命名,属性库、数据表按模型中"图件属性库及其属性表命名清单"命名,属性数据按"属性数据表定义及填写规定"填写,编图说明书按"文档清单"命名。

6. 重砂成果图件及属性库

重砂成果图件主要包括自然重砂综合异常分布图 1 张、单矿物自然重砂异常分布图 20 张、自然重砂组合异常分布图 7 张,共 28 张。

图件编制及属性库建设主要依据《全国矿产资源潜力评价数据模型丛书 重砂资料应用数据模型》中有关自然重砂异常分布图、自然重砂组合异常分布图、自然重砂综合异常分布图的图件及属性库规定完成。图件、图层按模型中"图件及其图层命名清单"命名,属性库、数据表按模型中"图件属性库及其属性表命名清单"命名,属性数据按"属性数据表定义及填写规定"填写,编图说明书按"文档清单"命名。

二、各矿种潜力评价专题属性数据库

吉林省矿产资源潜力评价对铁、金、铜、铅、锌、钨、磷、锑、稀土、镍、铬、银、钼、硫、硼、萤石、煤炭共 17 个矿种(组)进行了成矿规律研究及潜力评价预测。吉林省各矿种研究的典型矿床 83 个,如表 5-3-2

所示;矿产预测工作区 116 个,如表 5-3-3 所示;矿产预测类型 60 个,如表 5-3-4 所示。

表 5-3-2　吉林省矿产资源潜力评价研究的典型矿床

序号	典型矿床名称	矿区编码	矿产预测类型
1	汪清县塔东铁矿	2200000001	塔东式沉积变质型
2	磐石县吉昌铁矿	2200000002	吉昌式矽卡岩型
3	桦甸市老牛沟铁矿	2200000003	鞍山式沉积变质型
4	和龙市官地铁矿	2200000004	鞍山式沉积变质型
5	白山市板石沟铁矿	2200000005	鞍山式沉积变质型
6	临江市青沟铁矿	2200000006	临江-浑江式沉积型
7	通化县四方山铁矿	2200000007	鞍山式沉积变质型
8	临江市白房子铁矿	2200000008	临江-浑江式沉积型
9	白山市大栗子铁矿	2200000009	大栗子式沉积变质型
10	白山市七道沟铁矿	2200000010	大栗子式沉积变质型
11	白山市乱泥塘铁矿	2200000011	大栗子式沉积变质型
12	通化二密铜矿	2200000012	二密式斑岩型
13	靖宇天合兴铜矿	2200000013	二密式斑岩型
14	磐石红旗岭铜镍矿	2200000014	红旗岭式基性－超基性岩浆融离-贯入型
15	漂河川铜镍矿	2200000015	红旗岭式基性－超基性岩浆融离-贯入型
16	长仁铜镍矿	2200000016	红旗岭式基性－超基性岩浆融离-贯入型
17	赤柏松铜镍矿	2200000017	赤柏松式铜镍硫化物型
18	磐石石咀铜矿	2200000018	红太平式火山岩型
19	汪清红太平铜多金属矿	2200000019	红太平式火山岩型
20	白山大横路铜钴矿	2200000020	大横路式沉积变质型
21	白山六道江铜矿	2200000021	六道江式矽卡岩型
22	龙井天宝山铅锌多金属矿床	2200000022	天宝山式多成因叠加型
23	伊放牛沟多金属矿	2200000023	放牛沟式火山热液型
24	白山荒沟山铅锌矿	2200000024	青城子式沉积-改造型
25	集安正岔铅锌矿	2200000025	正岔式沉积-改造型
26	集安郭家岭铅锌矿	2200000026	万宝式矽卡岩型

续表 5-3-2

序号	典型矿床名称	矿区编码	矿产预测类型
27	抚松大营铅锌矿	2200000027	万宝式矽卡岩型
28	汪清刺猬沟金矿	2200000028	刺猬沟式火山热液型
29	梅河香炉碗子金矿	2200000029	香炉碗子式火山热液型
30	汪清五风金矿	2200000030	刺猬沟式火山热液型
31	永吉倒木河金矿	2200000031	刺猬沟式火山热液型
32	永吉头道川金矿	2200000032	头道川式火山热液型
33	汪清闹枝金矿	2200000033	刺猬沟式火山热液型
34	桦甸二道甸子金矿	2200000034	二道甸子式变质火山岩型
35	桦甸夹皮沟金矿	2200000035	夹皮沟式绿岩型
36	桦甸二道沟金矿	2200000036	夹皮沟式绿岩型
37	桦甸六匹叶金矿	2200000037	夹皮沟式绿岩型
38	辽源湾月金矿	2200000038	弯月式沉积改造型
39	通化南岔金矿	2200000039	荒沟山式岩浆热液改造型
40	白山荒沟山金矿	2200000040	荒沟山式岩浆热液改造型
41	集安西岔金银矿	2200000041	西岔式岩浆热液改造型
42	集安下活龙金矿	2200000042	荒沟山式岩浆热液改造型
43	长春兰家金矿	2200000043	兰家式矽卡岩型
44	白山金英金矿	2200000044	金英式热液改造型
45	安图海沟金矿	2200000045	海沟式岩浆热液型
46	珲春小西南岔金铜矿	2200000046	小西南岔式岩浆热液型
47	珲春杨金沟金矿	2200000047	小西南岔式岩浆热液型
48	珲春黄松甸子金矿	2200000048	黄松甸子式砾岩型
49	珲春河砂金矿	2200000049	珲春河式沉积型
50	通化县水洞磷矿	2200000050	水洞式沉积型
51	临江青沟子锑矿	2200000051	青沟子式岩浆热液型
52	珲春杨金沟钨矿	2200000052	杨金沟式岩浆热液型
53	安图东清稀土矿	2200000053	东清式风化壳型

续表 5-3-2

序号	典型矿床名称	矿区编码	矿产预测类型
54	磐石红旗岭铜镍矿床	2200000054	红旗岭式基性—超基性岩浆熔离-贯入型
55	桦甸漂河川铜镍矿床	2200000055	红旗岭式基性—超基性岩浆熔离-贯入型
56	和龙长仁铜镍矿床	2200000056	红旗岭式基性—超基性岩浆熔离-贯入型
57	通化赤柏松铜镍矿床	2200000057	赤柏松式基性—超基性岩浆熔离-贯入型
58	白山杉松岗铜钴矿床	2200000058	大横路式沉积变质型
59	永吉小绥河铬铁矿床	2200000059	小绥河式侵入岩浆型
60	永吉大黑山钼矿床	2200000060	大黑山式斑岩型
61	舒兰季德屯钼矿床	2200000061	大黑山式斑岩型
62	安图刘生店钼矿床	2200000062	大黑山式斑岩型
63	龙井天宝山多金属矿床	2200000063	大黑山式斑岩型
64	靖宇天合兴铜钼矿床	2200000064	天合兴式斑岩型
65	敦化大石河钼矿床	2200000065	大石河式斑岩型
66	临江铜山铜钼矿床	2200000066	铜山式矽卡岩型
67	桦甸市四方甸子钼矿床	2200000067	四方甸子式石英脉型
68	四平山门银矿床	2200000068	山门式热液型
69	磐石民主屯银矿床	2200000069	民主屯式火山热液型
70	集安西岔金银矿床	2200000070	西岔式热液改造型
71	汪清红太平多金属矿床	2200000071	红太平式火山岩型
72	抚松西林河银矿床	2200000072	西林河式岩浆热液型
73	和龙百里坪银矿床	2200000073	百里坪式岩浆热液型
74	白山刘家堡子-狼洞沟金银矿床	2200000074	刘家堡子-狼洞沟式热液充填型
75	永吉八台岭银金矿床	2200000075	八台岭式构造蚀变岩型
76	集安高台沟硼矿床	2200000076	高台沟式沉积变质型
77	伊通放牛沟硫多金属矿床	2200000077	放牛沟式海相火山岩型
78	桦甸西台子硫铁矿床	2200000078	西台子式湖相沉积型
79	永吉头道沟硫铁矿床	2200000079	头道沟式矽卡岩型
80	临江荒沟山硫铁矿床	2200000080	狼山式沉积变质型
81	永吉金家屯萤石矿床	2200000081	金家屯式热液充填交代型
82	磐石南梨树萤石矿床	2200000082	南梨树式热液充填交代型
83	九台牛头山萤石矿床	2200000083	牛头山式火山热液型

表 5-3-3 吉林省矿产资源潜力评价预测工作区

序号	矿种	预测工作区名称	预测工作区代码	矿产预测类型	预测工作区坐标	预测工作区面积/km²
1	铁	吉林省鞍山式沉积变质型安口镇预测工作区	2201301033	变质型	1251812,4157351;1260040,422638;1260726,422145;1251716,414944;省界	973.602 85
2	铁	吉林省鞍山式沉积变质型金城洞-木兰屯预测工作区	2201301038	变质型	1282600,422000;1282600,425000;1290000,425000;1290000,422000	2 583.816 775
3	铁	吉林省鞍山式沉积变质型海沟预测工作区	2201301037	变质型	1274714,423955;1274714,425232;1281408,424742;1281355,424009	683.417 725
4	铁	吉林省鞍山式沉积变质型夹皮沟-湖河预测工作区	2201301036	变质型	1270605,425646;1272434,430841;1274644,424758;1272814,423605	1 630.622
5	铁	吉林省鞍山式沉积变质型四方山-板石沟预测工作区	2201301044	变质型	1255210,415222;1264152,421749;1264821,421032;1255919,414513	1 354.324 775
6	铁	吉林省鞍山式石棚沟-石道河子预测工作区	2201301034	变质型	1260413,423817;1263918,425036;1264311,424446;1260848,423131	691.522 325
7	铁	吉林省鞍山式沉积变质型天合兴-那尔轰预测工作区	2201301035	变质型	1264200,422942;1264212,425545;1270701,425539;1270701,422946	1 636.726 425
8	铁	吉林省大栗子沉积变质型荒沟山-南盆预测工作区	2201303046	变质型	1263354,413245;1261930,413245;1270000,415115;1270000,414539;省界	1 218.068 975
9	铁	吉林省大栗子沉积变质型六道沟-八道沟预测工作区	2201303049	变质型	1270212,414000;1272305,414000;1273540,412927;1273549,412539;省界	649.602 775
10	铁	吉林省塔塔东式沉积变质型塔东预测工作区	2201303059	变质型	1283000,434750;1283000,440000;1284250,440000;1284250,434750	387.199 075
11	铁	吉林省临江-浑江式沉积型浑江北预测工作区	2201302019	沉积型	1255220,415215;1264241,421726;1264922,420942;1255952,414508	1 401.183 625
12	铁	吉林省临江-浑江式沉积型浑江南预测工作区	2201101052	沉积型	1262851,412555;1255428,412557;1255507,414234;1262930,415945;1270003,420006;1270005,414538	3 684.442 45

续表 5-3-3

序号	矿种	预测工作区名称	预测工作区代码	矿产预测类型	预测工作区坐标	预测工作区面积/km²
13	铁	吉林省吉昌式砂卡岩型头道沟-吉昌预测工作区	2201501007	层控内生型	1253830,430000;1253830,433200;1260610,433200;1260610,430000	2 221.233 7
14	金	吉林省荒沟山式岩浆热液改造型冰湖沟预测工作区	2211501118	层控内生型	1265952,420009;1271534,420003;1271519,414951;1270009,415007	399.976 6
15	金	吉林省荒沟山式岩浆热液改造型长白-十六道沟预测工作区	2211501121	层控内生型	1274510,412525;1274503,413045;1281439,413021;省界	428.915 7
16	金	吉林省荒沟山式岩浆热液改造型古马岭-活龙预测工作区	2211503119	层控内生型	1254351,410447;1260632,410442;省界	739.765 1
17	金	吉林省荒沟山式岩浆热液改造型荒沟山-南岔预测工作区	2211501117	层控内生型	1263303,413049;1261523,413039;1261507,420001;1265957,420004;1265954,414539;省界	2 516.401 1
18	金	吉林省荒沟山式岩浆热液改造型六道沟-八道沟预测工作区	2211501120	层控内生型	1270012,414522;1271626,414532;1273540,412927;1273550,412537	898.773 6
19	金	吉林省刺猬沟式火山热液型刺猬沟-九三沟预测工作区	2211401108	火山岩型	1294645,432002;1301619,432000;1301604,430723;1294636,430725	934.857 8
20	金	吉林省刺猬沟式火山热液型杜荒岭预测工作区	2211401109	火山岩型	1301640,432745;1304538,432755;1304516,431500;1301624,431450	935.537 4
21	金	吉林省刺猬沟式火山热液型地局子-倒木河预测工作区	2211401103	火山岩型	1262940,433030;1265020,433030;1265020,430920;1262940,430920	1 095.854 3
22	金	吉林省刺猬沟式火山热液型金合山-后底洞预测工作区	2211401136	火山岩型	1292931,422445;1293012,424605;1294658,424531;省界	806.771 8
23	金	吉林省刺猬沟式火山热液型闹枝-棉田预测工作区	2211401107	火山岩型	1293007,432000;1264628,432003;1294621,430743;1293003,430740	504.724 9
24	金	吉林省刺猬沟式火山热液型五凤沟预测工作区	2211401106	火山岩型	1291518,430000;1291506,431033;1292955,431028;1293004,425955	391.841 9

续表 5-3-3

序号	矿种	预测工作区名称	预测工作区代码	矿产预测类型	预测工作区坐标	预测工作区面积/km²
25	金	吉林省金英式热液改造型浑江北预测工作区	2211505116	层控内生型	1263640,421300;1264246,420724;1260019,414423;1255411,414956	966.3501
26	金	吉林省海沟式岩浆热液型海沟预测工作区	2211201127	侵入岩体型	1274714,425232;1281408,424742;1281355,424009;1274714,423955	683.4177
27	金	吉林省海沟式岩浆热液型衣坪-前山预测工作区	2211203129	侵入岩体型	1303004,424654;1303004,430525;1310859,430430;省界	1264.1011
28	金	吉林省夹皮沟式绿岩型安口镇预测工作区	2211601130	复合内生型	1251911,415631;1260142,422554;1260726,422115;1251716,411914;省界	799.8773
29	金	吉林省夹皮沟式绿岩型金城洞-木兰屯预测工作区	2211601132	复合内生型	1282703,424154;1283251,425015;1290108,423827;1285452,422956	779.9372
30	金	吉林省夹皮沟式绿岩型夹皮沟-溜河预测工作区	2211601133	复合内生型	1270801,425808;1272434,430841;1274644,424758;1273005,423700	1475.9032
31	金	吉林省夹皮沟式绿岩型四方山-板石预测工作区	2211601134	复合内生型	1260058,415654;1262335,420827;1263020,420131;1260744,414959	600.5819
32	金	吉林省夹皮沟式绿岩型石棚沟-石道河子预测工作区	2211601131	复合内生型	1260411,423819;1263459,424746;1263824,424146;1260848,423131	589.1344
33	金	吉林省兰家式矽卡岩型兰家预测工作区	2211504112	层控内生型	1252710,435220;1254640,440049;1255400,435231;1253446,434325	577.9108
34	金	吉林省兰家式矽卡岩型山门预测工作区	2211504111	层控内生型	1242144,430700;1244246,432447;1245255,431810;1242444,425232;省界	1014.7441
35	金	吉林省兰家式矽卡岩型万宝预测工作区	2211504115	层控内生型	1280001,425011;1275959,430002;1282955,425952;425001	741.2283

续表 5-3-3

序号	矿种	预测工作区名称	预测工作区代码	矿产预测类型	预测工作区坐标	预测工作区面积/km²
36	金	吉林省二道甸子式变质火山岩型漂河川预测工作区	2211404104	火山岩型	1270000,430941;1270005,432002;1272954,431957;1273000,430845	808.855 1
37	金	吉林省头道川式火山热液型石咀-官马预测工作区	2211403102	火山岩型	1255717,430004;1255703,431337;1261658,431346;1261707,430003	681.929 7
38	金	吉林省头道川式火山热液型头道沟-吉昌预测工作区	2211403101	火山岩型	1253901,431131;1253901,433200;1260610,433200;1260610,431131	1 393.100 9
39	金	吉林省香炉碗子式火山热液型香炉碗子-山坡预测工作区	2211402105	火山岩型	1252155,421053;1255616,423257;1260324,422703;1251912,415632	1056.8617
40	金	吉林省小西南岔式火浆热液型小西南岔-复兴-杨金沟预测工作区	2211202128	侵入岩体型	1310940,430453;1304451,430510;1304522,432005;1311531,431958;省界	1 043.392 1
41	金	吉林省西岔式岩浆热液改造型岔-复兴屯预测工作区	2215502135	侵入岩体型	1253032,412918;1255957,413012;1260004,411456;1254440,411436;省界	964.126 2
42	金	吉林省珲春岔式沉积型珲春预测工作区	2211102138	沉积型	1302807,425729;1305519,430426;1310038,430259;1305717,425431;1303102,425341	548.779 7
43	金	吉林省黄松甸子式砾岩型黄松甸子预测工作区	2211101137	沉积型	1305651,432405;1311331,432318;1311110,431258;1305709,431337	401.815 1
44	铜	吉林省红太平式火山岩型石咀-官马预测工作区	2204401401	火山岩型	1255717,430004;1255703,431337;1261658,431347;1261707,430003	681.929 7
45	铜	吉林省红太平式火山岩型大梨树沟-红太平预测工作区	2204401404	火山岩型	1291216,433955;1294453,434007;1294504,432958;1285951,432931;1285947,433126;省界	934.362 9
46	铜	吉林省闹枝式火山岩型大黑山-锅盔顶子预测工作区	2204401402	火山岩型	1261017,431439;1260000,433450;1263000,433451;1263000,431441	1 006.847 3
47	铜	吉林省闹枝式火山岩型地局子-倒木河预测工作区	2204401403	火山岩型	1262940,433030;1265020,433030;1265020,430920;1262940,430920	1 095.854 3

续表 5-3-3

序号	矿种	预测工作区名称	预测工作区代码	矿产预测类型	预测工作区坐标	预测工作区面积/km²
48	铜	吉林省闹枝式火山岩型闹枝-棉田预测工作区	2204401405	火山岩型	1293003,430740;1293007,432000;1294628,432003;1294621,430743	504.724 9
49	铜	吉林省闹枝式火山岩型剌猾沟-九三沟预测工作区	2204401406	火山岩型	1294636,430725;1294645,432002;1301619,432001;1311604,430723	934.857 8
50	铜	吉林省闹枝式火山岩型杜荒岭预测工作区	2204401407	火山岩型	1301624,431450;1301640,432746;1304538,432755;1304516,431500	935.537 4
51	铜	吉林省大横路武沉积变质型荒沟山-南岔预测工作区	2204301408	变质型	1263303,413049;1261523,413039;1261507,420001;1265957,420001;1265954,411540;省界	2 516.401 1
52	铜	吉林省六道江式矽卡岩型兰家预测工作区	2204501409	层控内生型	1252710,435220;1254640,440049;1255400,435200;1253505,434305	596.245 0
53	铜	吉林省六道江式矽卡岩型万宝预测工作区	2204501412	层控内生型	1280001,425011;1275959,430002;1282955,425952;1282952,425001	741.228 3
54	铜	吉林省六道江式矽卡岩型大营-万良预测工作区	2204501413	层控内生型	1270331,420241;1271230,422717;1272953,422656;1272047,420221	1 093.266 5
55	铜	吉林省红旗岭式基性-超基性岩浆融离-贯入型红旗岭预测工作区	2204202414	侵入岩体型	1261507,424919;1261455,425954;1264406,430000;1264404,430923;1270001,430923;1270000,430004;1264219,434931	1 331.851 8
56	铜	吉林省红旗岭式基性-超基性岩浆融离-贯入型漂河川预测工作区	2204202415	侵入岩体型	1270000,430941;1270005,432002;1272954,431957;1273000,430845	808.855 1
57	铜	吉林省红旗岭式基性-超基性岩浆融离-贯入型长仁-痒岭预测工作区	2204202418	侵入岩体型	1284654,423951;1284721,425135;1290544,425134;1290522,423957	535.684 75
58	铜	吉林省小西南岔式斑岩型小西南岔-杨金沟预测工作区	2204201416	侵入岩体型	1310940,430453;1304451,430510;1304522,432005;1311531,431958;省界	1 043.392 1

续表 5-3-3

序号	矿种	预测工作区名称	预测工作区代码	矿产预测类型	预测工作区坐标	预测工作区面积/km²
59	铜	吉林省小西南岔式斑岩型农坪－前山预测工作区	2204201417	侵入岩体型	1303004,424654;1303004,430525;1310859,430430;省界	1 264.101 1
60	铜	吉林省二密式斑岩型正岔-复兴屯预测工作区	2204201422	侵入岩体型	1253033,412918;1255957,413012;1260004,411456;1254440,411436;省界	964.126 2
61	铜	吉林省二密式斑岩型天合兴-那尔轰预测工作区	2204201419	侵入岩体型	1265003,422957;1265035,424859;1270739,424849;1270701,422946	1 095.675 875
62	铜	吉林省二密式斑岩型二密-老岭沟预测工作区	2204201420	侵入岩体型	1254501,414523;1254522,420001;1255949,420006;1260003,414533	551.838
63	铜	吉林省赤柏松式铜镍硫化物型赤板松-金斗预测工作区	2204203421	侵入岩体型	1253011,413522;1253003,414500;1254819,414529;1254821,413542	455.424 95
64	铜	吉林省红透山式沉积变质改造型安口镇预测工作区	2203302423	复合内生型	1251911,415631;1260142,422554;1260726,422145;1251716,414944;省界	799.877 3
65	铜	吉林省红透山式沉积变质改造型夹皮沟-溜河预测工作区	2204302424	复合内生型	1270801,425808;1272435,430841;1274644,424758;1273005,423700	1 475.903 2
66	铜	吉林省红透山式沉积变质改造型金城洞-木兰屯预测工作区	2204302425	复合内生型	1282702,424155;1283251,425016;1290108,423827;1285452,422956	779.937 1
67	铅锌	吉林省放牛沟式火山热液型放牛沟预测工作区	2205401601	复合内生型	1245026,432728;1251011,433954;1251728,433404;1245739,432128	518.918 1
68	铅锌	吉林省放牛沟式火山热液型地局子-倒木河预测工作区	2205401602	火山岩型	1262940,430920;1262940,433030;1265020,430920	1 095.854 3
69	铅锌	吉林省红太平式火山热液型梨树沟-红太平预测工作区	2205401603	火山岩型	1291216,433955;1294453,434007;1294504,432958;1285951,432931;1285947,433126;省界	934.362 9

续表 5-3-3

序号	矿种	预测工作区名称	预测工作区代码	矿产预测类型	预测工作区坐标	预测工作区面积/km²
70	铅锌	吉林省天宝式多成因叠加型天宝山预测工作区	2205501609	复合内生型	1284350,425145;1284320,430347;1290632,430359;1290600,425128	701.110 0
71	铅锌	吉林省万宝式矽卡岩型大营-万良镇预测工作区	2205503605	层控内生型	1270331,420241;1271230,422717;1272953,422656;1272047,420221	1 093.261 9
72	铅锌	吉林省万宝式矽卡岩型矿洞子-青石预测工作区	2205503608	层控内生型	1261420,410852;1260000,410849;1260011,411959;1261542,412002;1261535,413036;1263256,413037;省界	987.881 6
73	铅锌	吉林省正岔式沉积-改造型正岔-复兴屯预测工作区	2205502607	层控内生型	1253033,412918;1255957,413012;1260004,411456;1254440,411436;省界	964.126 2
74	铅锌	吉林省青城子式沉积-改造型荒沟山-南岔预测工作区	2205501606	层控内生型	1263303,413049;1261523,413039;1261507,420001;1265957,420004;1265954,414540;省界	2 516.401 1
75	锑	吉林省青沟子式岩浆热液型石咀-官马预测工作区	2213201301	侵入岩体型	1255717,430004;1255703,431337;1261658,431347;1261707,430003	681.929 725
76	锑	吉林省青沟子式岩浆热液型荒沟山-南岔预测工作区	2213201302	侵入岩体型	1263303,413049;1261523,413039;1261507,420001;1265957,420004;1265954,414540;省界	2 516.401 1
77	钨	吉林省杨沟式岩浆热液型小西南岔-杨金沟预测工作区	2208201801	侵入岩体型	1310940,430453;1304451,430510;1304522,432005;1311531,431958;省界	1 043.392 1
78	稀土	吉林省东清式风化壳型西北岔预测工作区	2214101401	沉积型	1280001,424445;1280001,425242;1281643,425227;1281629,424430	332.741 8
79	磷	吉林省青水洞式沉积型鸭园-六道江预测工作区	2218101801	沉积型	1260207,414547;1264748,421035;1265419,420528;1260810,414007	1 038.869 9
80	硫	吉林省放牛沟式海相火山岩型放牛沟预测工作区	2219401033	火山岩型	1245027,432728;1251012,433955;1251729,433404;1245739,432129	518.918 0

续表 5-3-3

序号	矿种	预测工作区名称	预测工作区代码	矿产预测类型	预测工作区坐标	预测工作区面积/km²
81	硫	吉林省西台合子式湖相沉积型西台子预测工作区	2219101034	沉积型	1264109,425330;1265650,425328;1265654,430214;1264110,430217	346.828 5
82	硫	吉林省头道沟式砂卡岩型倒木河-头道沟预测工作区	2219501035	层控内生型	1260715,432125;1263042,432127;1263043,433612;1260710,433609	863.940 4
83	硫	吉林省狼山式沉积变质型热闹-青石预测工作区	2219301036	变质型	1263603,413933;1254057,413922;1254117,411452;1262114,411502;省界	3 097.274 8
84	硫	吉林省狼山式沉积变质型上甸子-七道岔预测工作区	2219301037	变质型	1265955,414536;1265958,420004,1261507,420001;1261511,413956;1263616,413958;省界	2 055.551 4
85	镍	吉林省红旗岭式基性-超基性岩浆熔离-贯入型红旗岭预测工作区	2207201008	侵入岩体型	1260614,425743;1264947,431408;1270248,425621;1261922,423932	2 515.288 8
86	镍	吉林省红旗岭式基性-超基性岩浆熔离-贯入型双凤山预测工作区	2207201009	侵入岩体型	1260000,424400;1260003,425527;1254457,425522;1254500,424360	432.601 7
87	镍	吉林省红旗岭式基性-超基性岩浆熔离-贯入型川连沟-二道岭子预测工作区	2207201010	侵入岩体型	1242508,430500;1243508,430500;1243508,430000;1242508,430000	125.617 1
88	镍	吉林省红旗岭式基性-超基性岩浆熔离-贯入型漂河川预测工作区	2207201011	侵入岩体型	1265943,430702;1280741,430752;1280808,432747;1265953,432740	3 453.019 6
89	镍	吉林省红旗岭式基性-超基性岩浆熔离-贯入型大山咀子预测工作区	2207201012	侵入岩体型	1285037,433358;1282017,432603;1281012,434424;1284111,435241	1 590.875 1
90	镍	吉林省红旗岭式基性-超基性岩浆熔离-贯入型六颗松-长仁预测工作区	2207201013	侵入岩体型	1282229,425117;1291147,425018;1291026,422544;1282137,422620	3 073.762 8

第五章 矿产资源潜力评价专题属性数据库建设支撑

续表 5-3-3

序号	矿种	预测工作区名称	预测工作区代码	矿产预测类型	预测工作区坐标	预测工作区面积/km²
91	镍	吉林省赤柏松式基性－超基性岩浆熔离－贯入型赤柏松－金斗预测工作区	2207202014	侵入岩体型	1253006,412942;1255039,413734;1253809,415540;1251818,414745;省界	1 178.626 8
92	镍	吉林省赤柏松式基性－超基性岩浆熔离－贯入型大肚川－露水河预测工作区	2207202015	侵入岩体型	1273146,430710;1265942,430635;1265932,430153;1273315,422641;1280058,424051;1264852.96,425150;1270854,425211	3 596.415 0
93	镍	吉林省杉松岗式沉积变质型荒沟山－南岔预测工作区	2207301016	变质型	1265955,414536;1265958,420004;1261508,420001;1261523,413039;1263230,413049;省界	2 499.569 8
94	钼	吉林省大黑山式斑岩型前撮－火龙岭预测工作区	2210201001	侵入岩体型	1255557,434043;1265819,434032;1265727,424814;1255625,424830	8 107.500 0
95	钼	吉林省大黑山式斑岩型西苇预测工作区	2210201002	侵入岩体型	1250918,430731;1252335,430741;1252326,431545;1250907,431535	289.209 2
96	钼	吉林省天合兴斑岩型天合兴预测工作区	2210201003	侵入岩体型	1265003,422957;1265035,424859.97;1270739,424849;1270701.85,422946	248.501 8
97	钼	吉林省大黑山式斑岩型季德屯－福安堡预测工作区	2210201004	侵入岩体型	1270011,443143;1272606,443134;1272550,441437;1270004,441446	1 075.500 0
98	钼	吉林省大石河式斑岩型大石河－尔站预测工作区	2210202005	侵入岩体型	1283422,440029;1280520,440057;1280501,434556;1273651,434616;1273716,441117;省界	2 924.373
99	钼	吉林省大黑山式斑岩型刘生店－天宝山预测工作区	2210201006	侵入岩体型	1284352,424840;1272840,424943;1273035,432347;1291941,432156;1291758,424036;1284336,424122	9 877.609 102
100	钼	吉林省铜山式矽卡岩型六道沟－八道沟预测工作区	2210501007	层控内生型	1273550,412536;1273540,412927;1271627,414532;1270011,414522;省界	898.618 744 5
101	银	吉林省山门式热液型山门预测工作区	2212501020	层控内生型	1241704,430936;1243329,432508;1245237,431460;1242926,425135;	1 503.301 327
102	银	吉林省民主屯式火山热液型民主屯预测工作区	2212401021	火山岩型	1255602,431422;1265815,431423;1265820,434032;1255558,434044	4 081.904 508
103	银	吉林省西岔式热液改造型热闹－青石预测工作区	2212502022	层控内生型	1263603,413933;1254057,413922;1254117,411452;1262114,411502;省界	3 097.274 825

续表 5-3-3

序号	矿种	预测工作区名称	预测工作区代码	矿产预测类型	预测工作区坐标	预测工作区面积/km²
104	银	吉林省红太平式火山岩型梨树沟-红太平预测工作区	2212402023	火山岩型	1301015,435543;1300760,431846;1292536,432009;1292605,433019;1291103,433101;1291106,433420;	4 390.330 154
105	银	吉林省红太平式火山岩型天宝山预测工作区	2212402024	火山岩型	1284352,424840;1273035,424943;1273109,432347;1291941,432156;1291758,424036;1284336,424122	9 877.609 102
106	银	吉林省西林河式岩浆热液型西林河预测工作区	2212201025	侵入岩体型	1274403,423801;1275244,424546;1281304,423554;1280512,422741	629.904 003
107	银	吉林省百里坪式岩浆热液型百里坪预测工作区	2212202026	侵入岩体型	1290417,420825;1283018,420907;1283042,422344;1291546,422246;省界	1 543.118 831
108	银	吉林省刘家堡子-狼洞沟沟式热液充填型上甸子-七道岔预测工作区	2212503027	层控内生型	1265955,414536;1265958,420004;1261507,420001;1261511,413956;1263616,413958;省界	2 055.551 36
109	银	吉林省八台岭式构造蚀变岩型八台岭-孤店子预测工作区	2212504028	层控内生型	1260317,435257;126 3848,435240;1263850,441907;1260309,441904	2 309.710 636
110	铬	吉林省小绥河式侵入岩浆型小绥河预测工作区	2203201017	侵入岩体型	1261457,434742;126 3006,434743;1263006,435629;1261455,435628	329.375 454 8
111	铬	吉林省小绥河式侵入岩浆型小绥屯预测工作区	2203201018	侵入岩体型	1292931,422441;1293012,424606;1294649,424532;省界	800.839 947 8
112	铬	吉林省小绥河式侵入岩浆型头道沟预测工作区	2203201019	侵入岩体型	1260712,432625;1263042,432628;1263042,433608;1260708,433606	567.826 429 8
113	硼	吉林省高台沟式沉积变质型高台沟预测工作区	2221301032	变质型	1252629,414023;1261155,414040;1261208,411448;1255335,411450;1255337,411031;1254449,411028;	2 758.925 723
114	萤石	吉林省金家屯式热液充填交代型一拉溪预测工作区	2222501029	层控内生型	1260424,433858;1263002,433900;1263002,435446;1260417,435443	1 004.901 565
115	萤石	吉林省牛头式火山热液型其塔木预测工作区	2222401030	火山岩型	1260028,441357;1262650,441401;1262649,442737;1260021,442733	883.292 350 3
116	萤石	吉林省南梨树式热液充填交代型明城预测工作区	2222502031	层控内生型	1254849,430307;1261056,430313;1261051,431810;1254838,431804	830.447 703 3

表 5-3-4 吉林省矿产资源潜力评价矿产预测类型

序号	预测矿种（组）	矿产预测类型	矿产预测类型代码	预测方法类型
1	铁	鞍山式沉积变质型	2201301	变质型
2		荖东式沉积变质型	2201302	变质型
3		大栗子式沉积变质	2201303	变质型
4		矽卡岩型	2201501	层控内生型
5		沉积型	2201101	沉积型
6	金	刺猬沟式火山热液型	2211401	火山岩型
7		香炉碗子式火山热液型	2211402	火山岩型
8		头道川式变质海相火山岩型	2211403	火山岩型
9		二道甸子式变质海相火山岩型	2211404	火山岩型
10		夹皮沟式绿岩型	2211601	复合内生型
11		荒沟山式岩浆热液改造型	2211501	层控内生型
12		西岔式岩浆热液改造型	2211502	层控内生型
13		下活龙式岩浆热液改造型	2211503	层控内生型
14		兰家式矽卡岩型	2211504	层控内生型
15		金英式层控内生型	2211505	层控内生型
16		海沟式岩浆热液型	2211201	侵入岩体型
17		小西南岔式斑岩型	2211202	侵入岩体型
18		杨金沟式岩浆热液型	2211203	侵入岩体型
19		黄松甸子式砾岩型	2211101	沉积型
20		珲春河式沉积型	2211102	沉积型
21	铜	二密式斑岩型	2204201	侵入岩体型
22		红旗岭式基性—超基性岩浆融离-贯入型	2204202	侵入岩体型
23		赤柏松式铜镍硫化物型	2204203	侵入岩体型
24		红太平式火山岩型	2204401	火山岩型
25		闹枝式火山岩型	2204402	火山岩型
26		大横路式沉积变质型	2204301	变质型
27		六道江式矽卡岩型	2204501	层控内生型
28	铅锌	天宝山式海相火山沉积型	2205601	复合内生型
29		放牛沟式火山热液型	2205401	火山岩型
30		青城子式沉积-改造型	2205501	层控内生型
31		正岔式沉积-改造型	2205502	层控内生型
32		万宝式矽卡岩型	2205503	层控内生型

续表 5-3-4

序号	预测矿种（组）	矿产预测类型	矿产预测类型代码	预测方法类型
33	磷	水洞式沉积型	2218101	沉积型
34	锑	青沟子式岩浆热液型	2213201	侵入岩体型
35	钨	杨金沟式岩浆热液型	2208201	侵入岩体型
36	稀土	东清式风化壳型	2214101	沉积型
37	钼	大黑山式斑岩型	2210201	侵入岩体型
38	钼	天合兴式斑岩型	2210202	侵入岩体型
39	钼	大石河式斑岩型	2210201	侵入岩体型
40	钼	铜山式矽卡岩型	2210501	层控内生型
41	萤石	金家屯式热液充填交代型	2222501	层控内生型
42	萤石	牛头山式火山热液型	2222401	火山岩型
43	萤石	南梨树式热液充填交代型	2222502	层控内生型
44	镍	红旗岭式基性—超基性岩浆熔离-贯入型	2207201	侵入岩体型
45	镍	赤柏松式基性—超基性岩浆熔离-贯入型	2207202	侵入岩体型
46	镍	杉松岗式沉积变质型	2207301	变质型
47	铬	小绥河式侵入岩浆型	2203201	侵入岩体型
48	银	山门式热液型	2212501	层控内生型
49	银	西岔式热液改造型	2212502	层控内生型
50	银	刘家堡子式热液充填型	2212503	层控内生型
51	银	八台岭式构造蚀变岩型	2212504	层控内生型
52	银	民主屯式火山热液型	2212401	火山岩型
53	银	红太平式火山岩型	2212402	火山岩型
54	银	西林河式岩浆热液型	2212201	侵入岩体型
55	银	百里坪式岩浆热液型	2212202	侵入岩体型
56	硼	高台沟式沉积变质型	2221301	变质型
57	硫	放牛沟式海相火山岩型	2219401	火山岩型
58	硫	西台子式湖相沉积型	2219101	沉积型
59	硫	头道沟式矽卡岩型	2219501	层控内生型
60	硫	狼山式沉积变质型	2219301	变质型

　　吉林省共完成 83 个典型矿床、116 个预测工作区图件及属性库 2982 张（个），每个矿种图库包括成矿地质背景、成矿规律、矿产预测、航磁资料应用、重力资料应用、化探资料应用、遥感资料应用、重砂资料应用专题数据库。地质背景专题图库 120 个、成矿规律专题图库 229 个、矿产预测专题图库 252 个、航磁资料应用专题图库 378 个、重力资料应用专题图库 353 个、化探资料应用专题图库 911 个、重砂资

料应用专题图库 125 个、遥感资料应用专题图库 414 个。各矿种潜力评价图件及属性库完成情况如表 5-3-5 所示。

表 5-3-5　吉林省矿种潜力评价图件及属性库成果表

序号	矿种	数据库数量/个	遥感影像数量/幅	不建库图件数/张	序号	矿种	数据库数量/个	遥感影像数量/幅	不建库图件数/张
1	铁	239	16	68	9	硫	95	7	39
2	金	807	37	326	10	银	266	11	108
3	铜	584	24	206	11	铬	79	4	24
4	铅锌	232	9	91	12	镍	232	11	97
5	锑	51	3	18	13	钼	203	8	90
6	稀土	34	1	8	14	硼	28	1	13
7	钨	30	1	14	15	萤石	81	3	64
8	磷	21	1	5	总计		2982	158	1171

图件编制及属性库建设主要依据《全国矿产资源潜力评价数据模型》相关专业分册中有关图件及属性库规定完成。图件、图层按模型中"图件及其图层命名清单"命名，属性库、数据表按模型中"图件属性库及其属性表命名清单"命名，属性数据按"属性数据表定义及填写规定"填写，编图说明书按"文档清单"命名。

由于各矿种潜力评价成果图件编制及属性库建设采用全国矿产潜力评价项目办公室下发的数据模型和一致的数据库的建设方法，下面将成矿地质背景、成矿规律、矿产预测、重力资料应用、磁测资料应用、化探资料应用、遥感资料应用、重砂资料应用各专业的图件及属性库进行简单阐述。

1. 成矿地质背景图件及属性库

成矿地质背景成果主要为预测工作区地质构造专题底图及属性库，主要包括构造岩相古地理图、沉积建造构造图、地貌与第四纪地质图、火山岩性岩相构造图、侵入岩浆构造图、变质建造构造图、建造构造图 7 类图件。编制不同矿种的不同预测工作区图件时，根据预测工作区地质特征及矿产预测类型来确定编制图件类型。

图件编制及属性库建设主要依据《全国矿产资源潜力评价数据模型丛书 成矿地质背景研究数据模型》中相关图件及属性库规定完成。图件、图层按模型中"图件及其图层命名清单"命名，属性库、数据表按模型中"图件属性库及其属性表命名清单"命名，属性数据按"属性数据表定义及填写规定"填写，编图说明书按"文档清单"命名。

2. 成矿规律图件及属性库

成矿规律成果主要为吉林省矿产预测类型分布图、典型矿床成矿要素图、预测工作区区域成矿要素图、省级单矿产（组）区域成矿规律图 4 类图件。不属于数据模型规定但成矿规律研究工作需要的不建属性库图件有预测矿种Ⅳ、Ⅴ级成矿区带图及省级成矿区带划分图。

图件编制及属性库建设主要依据《全国矿产资源潜力评价数据模型丛书 成矿规律研究数据模型》中相关图件及属性库规定完成。图件、图层按模型中"图件及其图层命名清单"命名,属性库、数据表按模型中"图件属性库及其属性表命名清单"命名,属性数据按"属性数据表定义及填写规定"填写,编图说明书按"文档清单"命名。

3. 矿产预测图件及属性库

矿产预测图件及属性库主要包括典型矿床预测要素图、预测工作区区域预测要素图、预测工作区预测矿产预测类型预测成果图、省级预测矿种(组)预测成果图、省级预测矿种(组)勘查工作部署图、省级预测矿种(组)未来勘查工作成果预测图、省级预测矿种(组)未来矿产开发基地预测图 7 类图件。不属于数据模型规定但矿产预测研究工作需要的不建属性库图件有预测工作区预测单元图、预测工作区最小预测区优选分布图、预测矿种矿产预测类型最小预测区分布图。

图件编制及属性库建设主要依据《全国矿产资源潜力评价数据模型丛书 矿产预测研究数据模型》中相关图件及属性库规定完成。图件、图层按模型中"图件及其图层命名清单"命名,属性库、数据表按模型中"图件属性库及其属性表命名清单"命名,属性数据按"属性数据表定义及填写规定"填写,编图说明书按"文档清单"命名。

4. 重力资料应用图件及属性库

重力资料应用图件及属性库主要包括预测工作区重力推断地质构造图、预测工作区布格重力异常图、预测工作区剩余重力异常图 3 类图件。不属于数据模型规定但重力资料应用工作需要的不建属性库的图件包括预测矿种的典型矿床综合成果图,以及预测工作区定量解释剖面图或图集。

图件编制及属性库建设主要依据《全国矿产资源潜力评价数据模型丛书 重力资料应用数据模型》中相关图件及属性库规定完成。图件、图层按模型中"图件及其图层命名清单"命名,属性库、数据表按模型中"图件属性库及其属性表命名清单"命名,属性数据按"属性数据表定义及填写规定"填写,编图说明书按"文档清单"命名。

5. 磁测资料应用图件及属性库

磁测资料应用图件及属性库主要包括预测作区航磁 ΔT 等值线平面图、航磁 ΔT 化极等值线平面图、航磁 ΔT 化极垂向一阶导数等值线平面图、磁法推断地质构造图 4 类图件,铁矿预测还包括磁异常分布图、磁法推断磁性矿床分布图。

图件编制及属性库建设主要依据《全国矿产资源潜力评价数据模型丛书 磁测资料应用数据模型》中相关图件及属性库规定完成。图件、图层按模型中"图件及其图层命名清单"命名,属性库、数据表按模型中"图件属性库及其属性表命名清单"命名,属性数据按"属性数据表定义及填写规定"填写,编图说明书按"文档清单"命名。

6. 化探资料应用图件及属性库

化探资料应用图件及属性库主要包括预测工作区单元素地球化学图、单元素地球化学异常图、地球化学综合异常图、预测矿种省级地球化学找矿预测图 4 类图件。不属于数据模型规定但化探资料应用工作需要的不建属性库的图件包括预测工作区地球化学找矿预测图、预测工作区地球化学组合异常图、典型矿床异常图、典型矿床特征剖析图等。

图件编制及属性库建设主要依据《全国矿产资源潜力评价数据模型丛书 化探资料应用数据模型》中相关图件及属性库规定完成。图件、图层按模型中"图件及其图层命名清单"命名,属性库、数据表按模型中"图件属性库及其属性表命名清单"命名,属性数据按"属性数据表定义及填写规定"填写,编图说明书按"文档清单"命名。

7. 遥感资料应用图件及属性库

遥感资料应用图件及属性库主要包括典型矿床遥感矿产地质特征与近矿找矿标志解译图、典型矿床遥感羟基异常分布图、典型矿床遥感铁染异常分布图、预测工作区遥感矿产地质特征与近矿找矿标志解译图、预测工作区遥感羟基异常分布图、预测工作区遥感铁染异常分布图等。不属于数据模型规定但遥感资料应用工作需要的不建属性库的图件包括典型矿床遥感影像图、预测工作区遥感影像图。

图件编制及属性库建设主要依据《全国矿产资源潜力评价数据模型丛书 遥感资料应用数据模型》中相关图件及属性库规定完成。图件、图层按模型中"图件及其图层命名清单"命名，属性库、数据表按模型中"图件属性库及其属性表命名清单"命名，属性数据按"属性数据表定义及填写规定"填写，编图说明书按"文档清单"命名。

8. 重砂资料应用图件及属性库

重砂资料应用图件及属性库主要有预测工作区自然重砂异常图。

图件编制及属性库建设主要依据《全国矿产资源潜力评价数据模型丛书 重砂资料应用数据模型》中相关图件及属性库规定完成。

第四节 专题属性数据库质量监控

一、质量检查标准

潜力评价成果数据库是按《全国矿产资源潜力评价数据模型》规定实施完成的，成果质量检查是按全国矿产资源潜力评价项目办公室下发的《全国矿产资源潜力评价省级资料性成果图件及属性库复核汇总技术方案》执行的。

二、检查方式

为了保证成果数据的质量，建立了项目质量管理制度，严格地执行自检、互检和抽检。

项目的每个操作人员的建库工作都要进行100%的自检，填写自检表，并及时修改检查过程发现的问题。

在自检的基础上，项目负责人安排其他操作人员，即同一工作，不同人员对成果数据进行100%的互检，并将互检结果和修改处理结果如实、完整地填写至自检、互检表。

数据库建设完成后，由项目负责人抽取数据库的30%进行检查，并如实记录发现的问题，若有共性问题责成操作人员进行全面检查，确保图库内容符合质量要求。

自检、互检、抽检表按《全国矿产资源潜力评价省级资料性成果图件及属性库复核汇总技术方案》中的《附件10 矿产资源潜力评价成果图件及属性数据库质量检查记录卡》来填写。

三、数据重点检查内容

1. 图面质量检查

图面质量检查主要是对专业图层进行质量检查，发现错误及时修改完善，直至准确无误。

2. 空间数据质量检查

(1) 利用 MapGIS 和项目办提供的 GeoTOK 软件对图件进行检查,重点检查空间拓扑关系、线弧一致性、重叠坐标等。

(2) 利用项目办提供的 GeoMAG 软件进行检查,主要检查图件结构、图层结构、属性结构、属性值域、属性项填写率。

3. 元数据的检查

执行《地质信息元数据标准》(DD 2006-05),检查填写内容的准确性及结构的合理性。

第六章　矿产资源潜力评价成果集成数据库建设

集成数据库建设工作是矿产资源潜力评价工作中的重要环节，吉林省矿产资源潜力评价成果集成数据库建设是由综合信息集成专题组完成的，主要工作任务是将吉林省矿产资源潜力评价成果按《省级矿产资源潜力评价综合信息集成专题汇总技术要求》及"全国项目办 2010 年 35 号文"规定进行资料性汇总建库。

第一节　集成数据库软硬件环境

一、硬件环境

服务器：CPU 3.2GHz，内存 3GB，硬盘 1T。
客户端：CPU 3.2GHz，内存 3GB，显示器分辨率为 1680×1050。
存储设备：移动硬盘 1T。
其他设备：彩色喷墨绘图仪 Epson_10000，打印机 HP LaserJet5200L。

二、软件环境

操作系统：Microsoft Windows XP sp3 或 Microsoft Windows 7 sp1。
所用软件：数据库管理系统选用 Microsoft SQL Server 2008 企业版，采用 C/S 模式，数据库容量理论上没有限制。辅助工具软件包括 Microsoft Access 2003、Microsoft Word 2003、Microsoft Excel 2003。

工作软件采用 MapGIS 6.7，该软件是武汉中地信息工程有限公司研制的基础地理信息系统软件平台，在此软件平台上主要进行矿产资源潜力评价图件图形的矢量化，图件空间内容的编辑修改，图件图层内容的划分，图件空间拓扑关系的建立，图件的属性库建设等工作。

GeoMAG 3.1 软件是全国重要矿产资源潜力评价综合信息集成项目组组织研发的数据模型软件，并提供给全国矿产资源潜力评价工作使用。该软件主要对图件及属性库按数据模型结构要求进行规范，对图件及属性库进行关于数据要求方面的质量检查和修改，对图件进行属性库建设，辅助矿产资源潜力评价成果汇总工作。

GeoTOK 3.1 软件是对图件进行空间拓扑检查评价的专门软件，主要功能是对图件进行空间拓扑检查，并形成"空间拓扑检查记录""空间拓扑质量评价"表格，辅助图件质量缺陷分析，辅助图件空间数据和空间拓扑的质量评价。

GeoPEX 1.0 软件是省级矿产资源潜力评价资料性成果汇总建库管理系统。它能把省级矿产资源潜力评价资料性成果汇总入库并有效管理起来，按专题、矿种、空间范围（省行政范围、预测工作区、典型矿床研究区或任意指定空间范围）或属性条件检索已入库资料性成果，辅助相关专业开展综合编图研究工作。该软件具有浏览、提取、检索、统计、裁剪，以及导出指定的原始入库图件、属性等功能。

第二节 资料性成果汇总

根据《省级矿产资源潜力评价综合信息集成专题汇总技术要求》,省级矿产资源潜力评价成果分为3个部分:第一部分为"属于全国矿产资源潜力评价数据模型规定成果",第二部分为"不属于全国矿产资源潜力评价数据模型规定但属于各专业需要提交成果",第三部分为"属于省级项目组汇总综合研究成果"。

吉林省"属于全国矿产资源潜力评价数据模型规定成果"分为省级基础编图成果和矿种(组)潜力评价成果。省级基础编图成果包括成矿地质背景研究成果、重力资料应用成果、磁测资料应用成果、化探资料应用成果、遥感资料应用成果、重砂资料应用成果。矿种(组)潜力评价成果包括铁、金、铜、铅锌、钨、锑、磷、稀土、银、镍、钼、铬、硫、硼、萤石矿种(组)潜力评价成果,各矿种(组)成果包括成矿地质背景研究成果、成矿规律研究成果、矿产预测研究成果、重力资料应用成果、磁测资料应用成果、化探资料应用成果、遥感资料应用成果、重砂资料应用成果。

资料性成果汇总过程中,将"属于全国矿产资源潜力评价数据模型规定成果"的本省成果按《全国矿产资源潜力评价省级资料性成果图件及属性库复核汇总技术方案》规定的成果目录汇总;将"不属于全国矿产资源潜力评价数据模型规定但属于各专业需要提交成果"按自建目录"地质背景相关成果资料""成矿规律相关成果资料""矿产预测相关成果资料""重力应用相关成果资料""磁测应用相关成果资料""化探应用相关成果资料""遥感应用相关成果资料""重砂应用相关成果资料"分别存放。将"属于省级项目组汇总综合研究成果"的本省成果按全国综合信息集成汇总组规定的成果目录汇总。

第三节 集成数据库组织模式

吉林省矿产资源潜力评价成果包括省级基础编图成果和矿种(组)潜力评价成果。根据 GeoPEX 软件系统的规定,将吉林省矿产资源潜力评价成果数据库分为16组,其中铅、锌矿作为一个矿组,分在铅矿种数据库中,具体数据库组情况如表 6-3-1 所示。

表 6-3-1 吉林省汇总数据库物理名称表

序号	数据库分组名称(简称"分组")	数据库物理命名
0	省级潜力评价基础编图成果	GEOPEXDB000
1	铁矿种(组)潜力评价成果	GEOPEXDB001
2	铬矿种(组)潜力评价成果	GEOPEXDB003
3	铜矿种(组)潜力评价成果	GEOPEXDB004
4	铅矿种(组)潜力评价成果	GEOPEXDB005
5	镍矿种(组)潜力评价成果	GEOPEXDB007
6	钨矿种(组)潜力评价成果	GEOPEXDB008
7	钼矿种(组)潜力评价成果	GEOPEXDB010
8	金矿种(组)潜力评价成果	GEOPEXDB011
9	银矿种(组)潜力评价成果	GEOPEXDB012
10	锑矿种(组)潜力评价成果	GEOPEXDB013

续表 6-3-1

序号	数据库分组名称（简称"分组"）	数据库物理命名
11	稀土矿种（组）潜力评价成果	GEOPEXDB014
12	磷矿种（组）潜力评价成果	GEOPEXDB018
13	硫矿种（组）潜力评价成果	GEOPEXDB019
14	硼矿种（组）潜力评价成果	GEOPEXDB021
15	萤石矿种（组）潜力评价成果	GEOPEXDB022

吉林省矿产资源潜力评价成果集成汇总按 GeoPEX 要求将数据库成果进行分组，然后将同一组成果以图幅为单位导入同一数据库，成果数据导入数据库后，由 GeoPEX 统一管理。

吉林省矿产资源潜力评价成果数据库组织模式如图 6-3-1 所示。

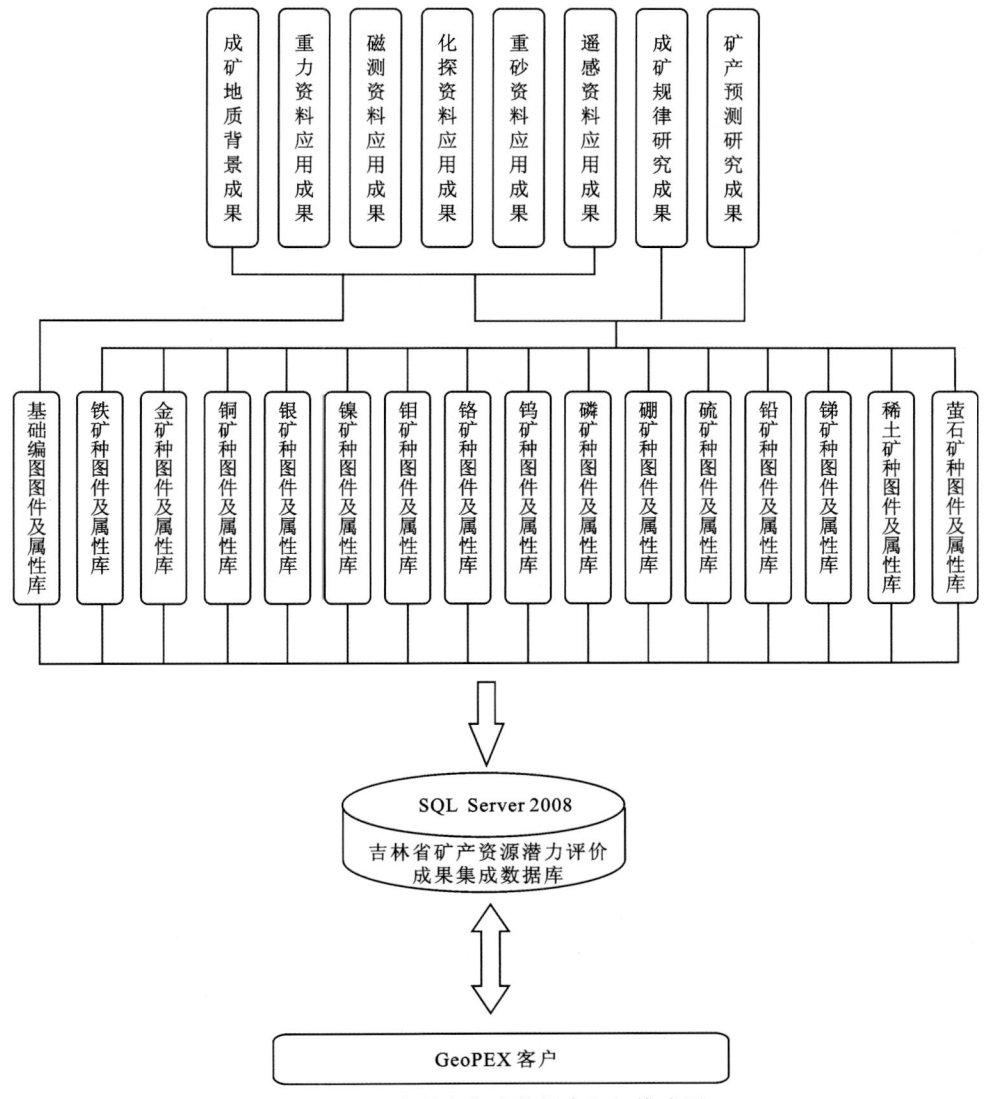

图 5-3-1　吉林省集成数据库组织模式图

第四节　集成数据库系统部署

各类数据库利用 GeoPEX 软件按省级基础图数据库、单矿种成果图数据库、省级汇总综合研究成果数据库进行汇总入库,并且每类数据库按成矿地质背景研究、成矿规律研究、矿产预测研究、重力资料应用、磁测资料应用、化探资料应用、自然重砂资料应用、遥感资料应用专业分别入库,具体部署如图6-4-1所示。

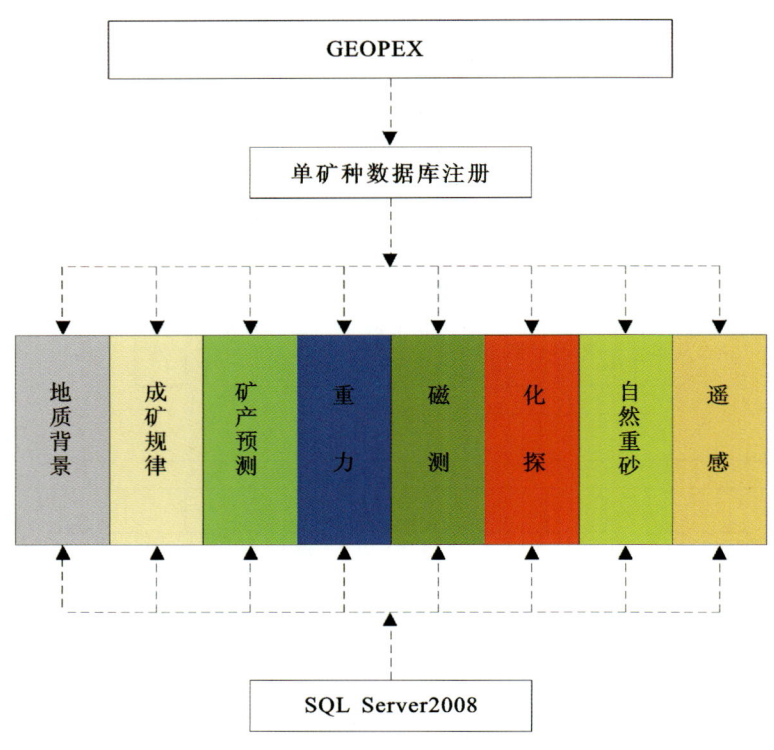

图 6-4-1　GeoPEX 部署图

第五节　集成建库具体实施

吉林省矿产资源潜力评价成果集成汇总建库工作流程主要为硬件准备、软件安装及配置、技术人员培训、数据准备、查询方案配置、数据文件导入、数据库备份等,如图 6-5-1 所示。

一、软件安装及配置

(1)建立一个局域网,在服务器上安装 SQL server 2008 数据库管理系统,安装完成后运行 SQL server Management Studio,输入相关信息,建立数据库,如图 6-5-2 所示。

(2)在客户端安装 GeoPEX 软件系统,登录系统,进行计算机注册、数据库注册;每个 GeoPEX 终端都注册一个编号,如图 6-5-3 所示。

第六章 矿产资源潜力评价成果集成数据库建设

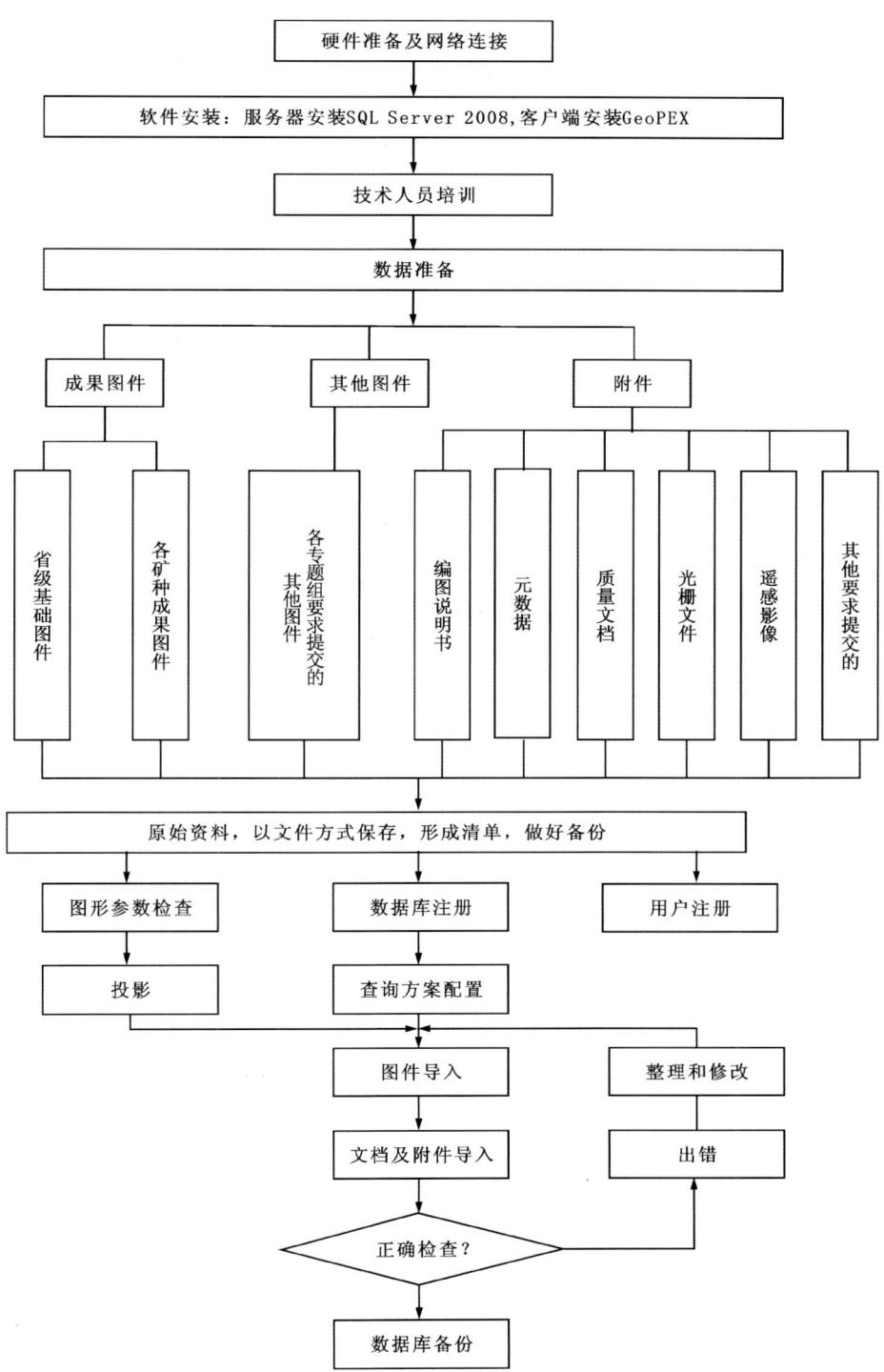

图 6-5-1 数据库汇总工作流程图

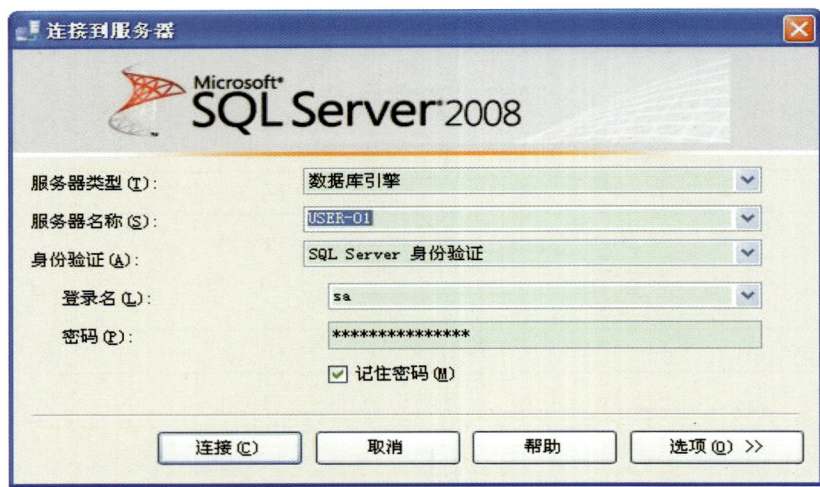

图 6-5-2　SQL Server 2008 运行界面

图 6-5-3　GeoPEX 用户登录界面

（3）登录后进入 GeoPEX 主界面，如图 6-5-4 所示。

图 6-5-4　GeoPEX 主界面

(4) 在"系统配置"模块下进行计算机注册,如图 6-5-5 所示。

图 6-5-5　计算机注册界面

(5) 在 GeoPEX 界面点击"数据库注册",出现如图 6-5-6 所示界面,点击"测试",若出现如图 6-5-7 所示界面,则数据库连接成功,可以进行下一步工作。

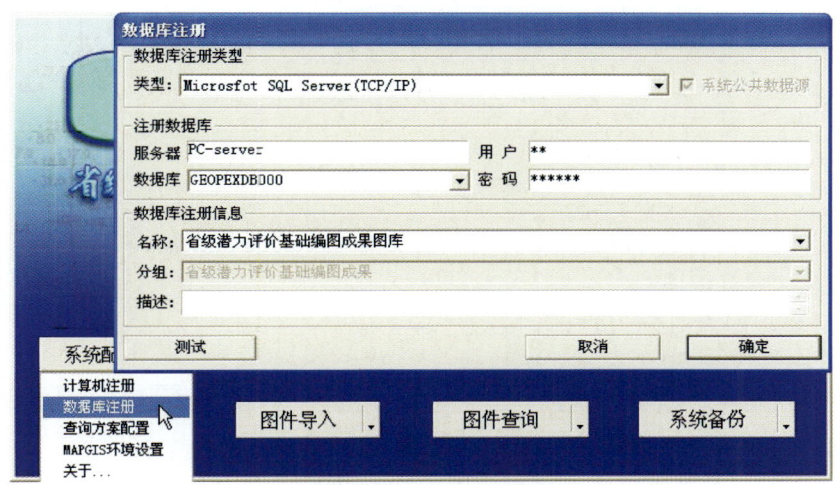

图 6-5-6　数据库注册界面

图 6-5-7　测试数据库注册成功界面

二、数据准备

1. 成果图件准备形式

"属于全国矿产资源潜力评价数据模型规定成果"的按照《全国矿产资源潜力评价省级资料性成果图件及属性库复核汇总技术方案》的规定与要求的格式及形式准备,即各省(市、区)项目组按"各省(市、区)矿产资源潜力评价项目提交汇总成果清单"准备入库成果数据。排除一切不符合数据库模型规定的错误,质量检查评价辅助工具采用 GeoMAG、GeoTOK 等。

依据数据模型规范图件计算机名称、图件中文名称、图层计算机名称、图层中文名称,图件工程中的图层顺序必须按图件输出时的图层顺序设置。

2. 图件相关附件

按照编图说明书、元数据、质量控制文档编写和命名的相关要求,进行编写和命名。
(1)编图说明书名称:图件名称+"编图说明书.doc"。
(2)元数据名称:图件名称+"元数据.xml"。
(3)质量控制文档名称:图件名称+"质量控制文档.doc"。
(4)遥感图像名称:图件名称+".msi"。
(5)光栅文件名称:图件名称+".JPG",图片输出为原图尺寸且分辨率以图面内容清晰为原则。

三、查询方案配置

根据实际情况,吉林省创建并配置了 5 个查询方案存在 GeoPEX 系统内。
(1)吉林省行政区划范围图。
(2)1∶25 万分幅接图表图。
(3)各单矿种(组)预测工作区范围边界图。
(4)各单矿种(组)典型矿床研究区边界图。
(5)各单矿种(组)矿产预测类型范围分布图。

查询方案的图层构成及图层属性字段定义(特征代码、图元编号、专题属性项)与填写内容统一规定,符合"省级矿产资源潜力评价资料性成果集成建库实施技术指南"要求。

四、数据文件导入

1. 数据库投影转换

系统中管理的空间数据库的空间坐标单位为度。在入库前,必须采用 GeoPEX 软件系统的投影转换模块进行转换。

在 GeoPEX 界面点击按钮"图件导入",在出现的界面,再点击"投影转换",进入投影转换模块主界面,如图 6-5-8 所示,点击按钮":",弹出如图 6-5-9 所示界面,在弹出的界面中指定存放图件目录,即列出需要投影的 MapGIS 工程清单,如图 6-5-10 所示,在该界面点击按钮"投影转换",弹出"批量投影"参数设置对话框,保持"自动获取当前投影参数"复选框勾选取状态不变,如图 6-5-11 所示,点击按钮"确定",开始投影。

第六章　矿产资源潜力评价成果集成数据库建设

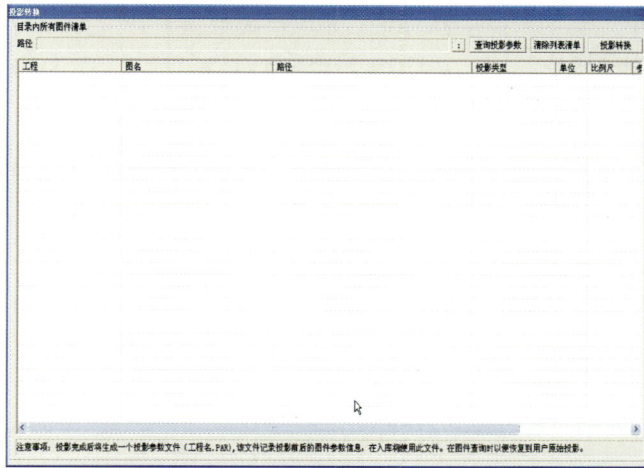
图 6-5-8　投影转换模块主界面

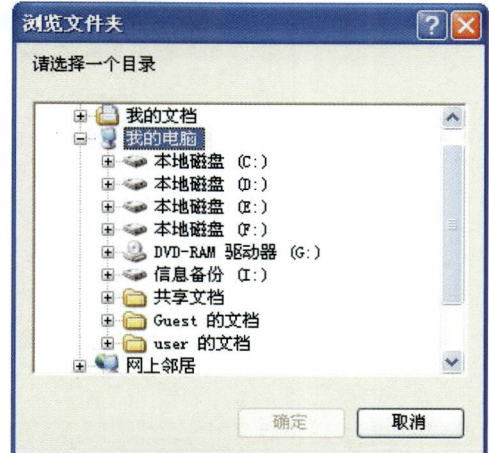
图 6-5-9　文件浏览界面

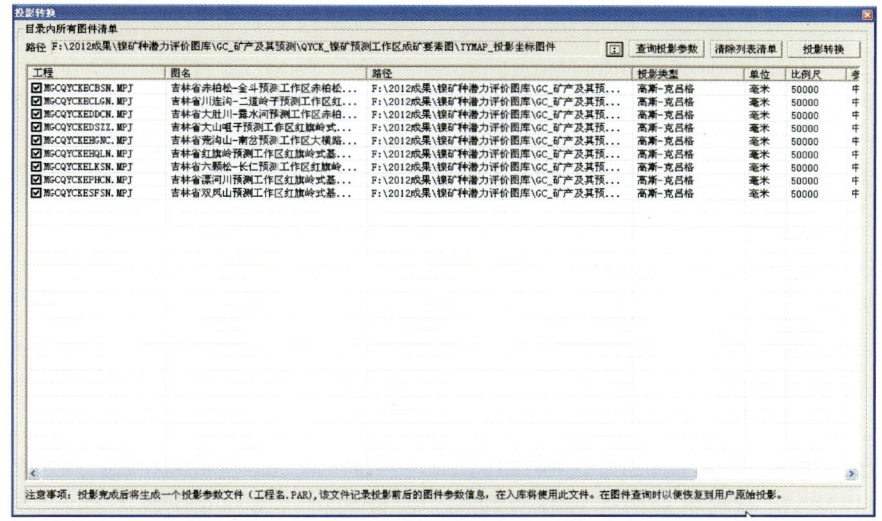
图 6-5-10　文件所在目录界面

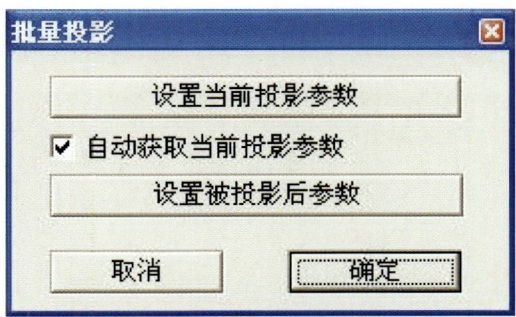
图 6-5-11　投影参数设置界面

投影完成后,点击"查询投影参数",查看投影参数是否正确,若"单位"都变成"度"则说明投影正确,如图 6-5-12 所示,可以进入下一步工作;若"单位"未全部变成"度",则未变成"度"的图件存在错误,需要检查出现错误的原因,之后再进行投影。

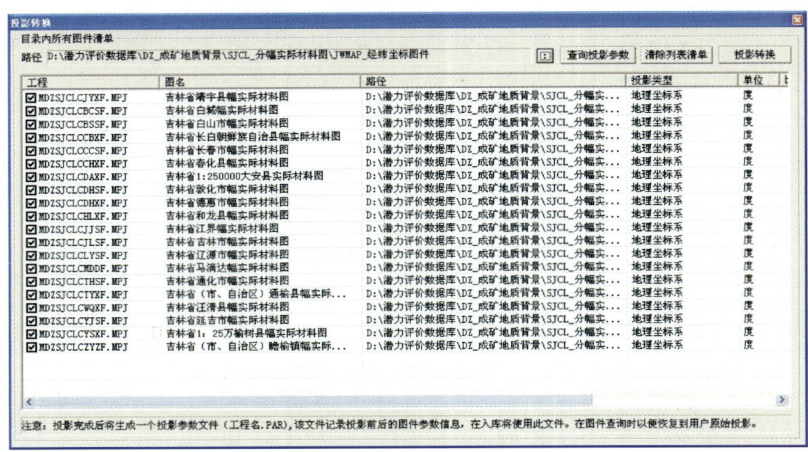

图 6-5-12　投影转换

2. 图件导入

图件导入模块是 GeoPEX 软件系统的重要模块之一,用于将图件导入到成果数据库。导入前,图件必须满足以下条件:

(1)必须将投影图件在 GeoPEX 的"投影转换模块"下进行投影。系统将记录投影前的参数,并生成"工程名.PAR"文件,以便在成果查询时可以恢复到原始投影参数。

(2)必须是经纬度图件。

(3)必须是经过 GeoMAG 检查合格的图件,包括图件结构、值域、空间拓扑关系等。

系统在执行导入前将对成果图件进行检查,并提示主要的错误类型及错误内容。检查通过后方可导入到成果数据库。具体导入方法如下:

在 GeoPEX 主界面点击按钮"图件导入",在出现的界面再点击按钮"图件导入"进入图件导入模块主界面,如图 6-5-13 所示,点击按钮":",弹出如图 6-5-14 所示界面,在此"浏览文件夹"界面中,指定存放图件的目录(JWMAP_经纬坐标图件),点击"确定"即可列出指定目录下所有图件清单,如图 6-5-15 所示,双击一个工程,右下方窗口会列出该工程文件,选中"预览选中的图件"复选框,可预览图件,填全入库信息后,点击按钮"导入当前文件",若没有错误就会出现如图 6-5-16 所示界面,点击按钮"忽略错误信息",图件便成功导入数据库。

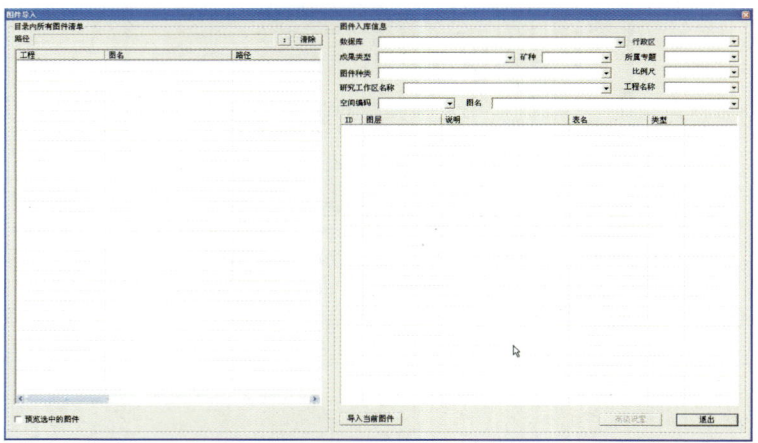

图 6-5-13　图件导入模块主界面

在入库过程中,若部分文件出现结构错误、值域错误,如图 6-5-17 所示界面,就不能入库,需要对出现错误的文件进行全面修改,之后重新投影,方可入库。

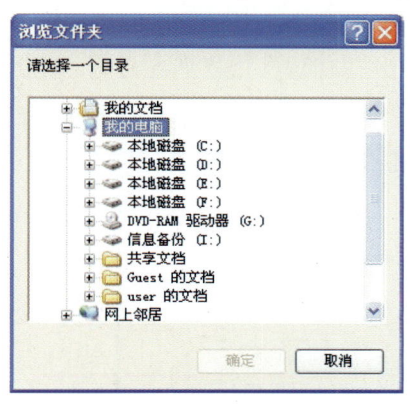

图 6-5-14　浏览文件夹

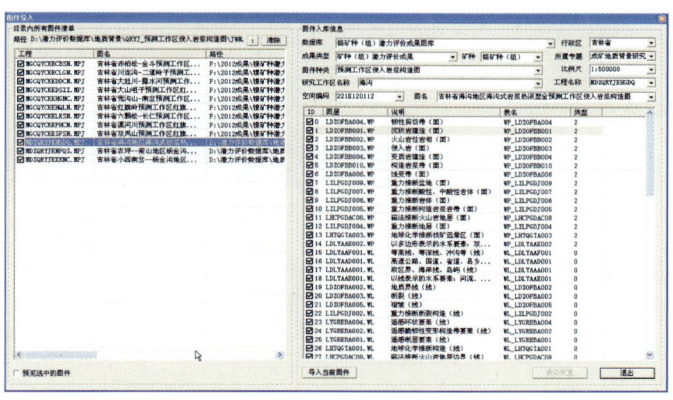

图 6-5-15　图件所在目录界面

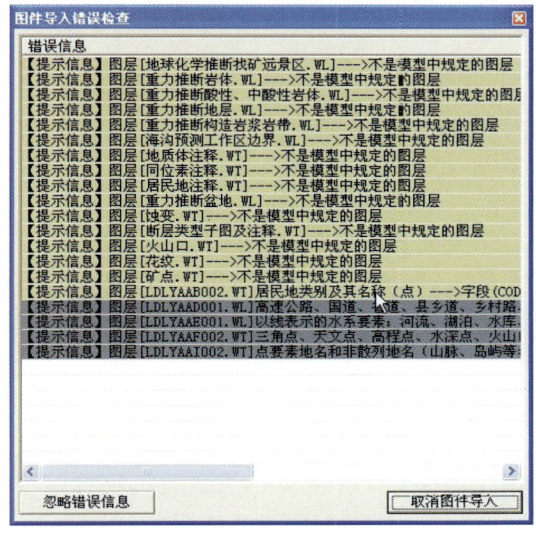

图 6-5-16　图件导入错误检查界面

图 6-5-17　错误信息

3. 附件导入

附件是指入库图件的相关文档,包括编图说明书、元数据、质量检查文档、栅格图像、遥感图像、汇报材料、表格、其他文档等。

附件导入界面如图 6-5-18 所示,可以一次同时配置多个图件的说明书、元数据、质量检查文档等附件。

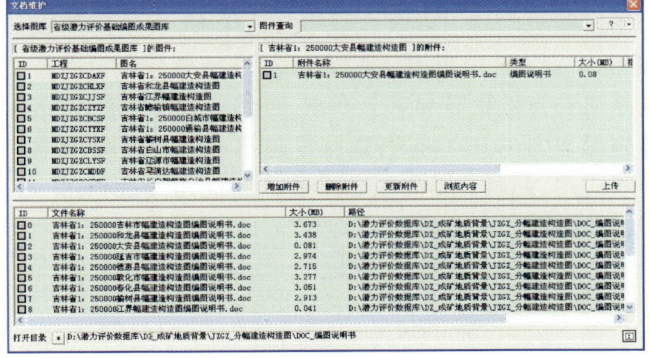

图 6-5-18　附件导入界面

五、数据库备份

图件导入后,每天都利用 GeoPEX 软件"系统备份""数据库备份"功能,进行数据库备份,备份按分组名命名,防止已经录入的数据丢失。数据库备份界面如图 6-5-19 所示。

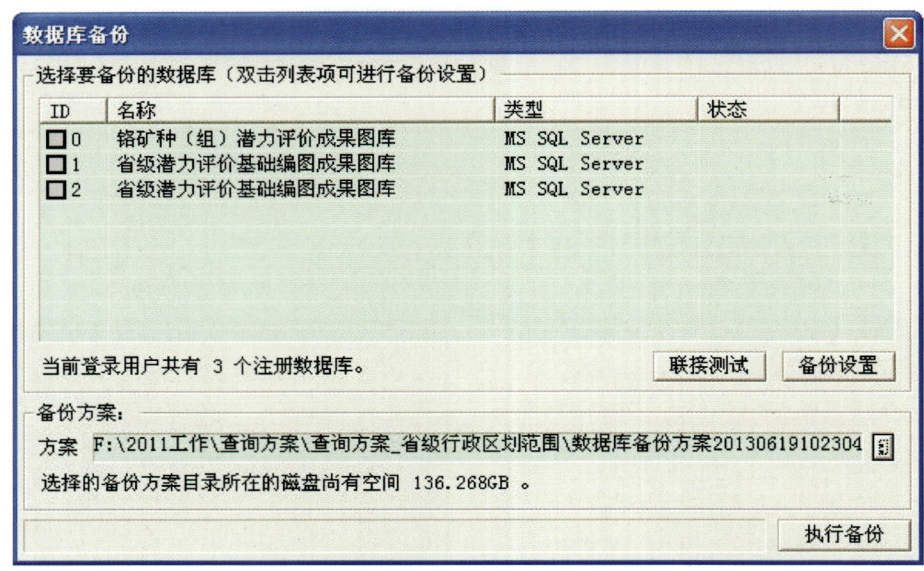

图 6-5-19　数据库备份

第六节　集成数据库汇总内容

集成数据库分为省级基础成果数据库和单矿种成果数据库,按照《省级矿产资源潜力评价综合信息集成专题汇总技术要求》,省级基础成果数据库汇总了地质背景专题组 1∶25 万分幅实际材料图、分幅建造构造图、1∶50 万大地构造相图及说明书、元数据;航磁资料应用专题组汇总了省级航磁工作程度图、地磁工作程度图、磁法推断地质构造图、航磁异常分布图、航磁 ΔT 等值线平面图、航磁 ΔT 化极等值线平面图、航磁 ΔT 化极垂向一阶导数等值线平面图及说明书、元数据;重力资料应用专题组汇总了重力工作程度图、重力推断地质构造图、布格重力异常图、剩余重力异常图(30km×30km)、剩余重力异常图(14km×14km)及说明书、元数据;化探资料应用专题组汇总了地球化学景观图、地球化学工作程度图、地球化学推断地质构造图、单元素地球化学图、单元素地球化学异常图、地球化学综合异常图及说明书、元数据;遥感资料应用专题组汇总了省级遥感构造解译图、遥感异常组合图、1∶25 万遥感矿产地质特征解译图、1∶25 万遥感羟基异常分布图、1∶25 万遥感铁染异常分布图及说明书、元数据;重砂资料应用专题组汇总了省级单矿物自然重砂异常分布图、自然重砂组合异常分布图、自然重砂综合异常分布图及说明书、元数据;具体见表 6-6-1。单矿种数据库包括地质背景、成矿规律、矿产预测、磁测资料应用、重力资料应用、化探资料应用、遥感资料应用和重砂资料应用专业,各矿种数据库入库内容较多,不全部列举,具体内容如表 6-6-2～表 6-6-16 所示。

表 6-6-1　省级基础地质编图成果汇总数据库 GeoPEXDB000 清单

专业	图件种类	图库数量	说明书	元数据	遥感影像
地质	1∶25 万分幅实际材料图	20	20	20	
	1∶25 万分幅建造构造图	20	20	20	
	1∶50 万大地构造相图	1	1	1	
重力	省级重力工作程度图	1	1	1	
	省级布格重力异常图	1	1	1	
	省级剩余重力异常图	2	2	2	
	省级重力推断地质构造图	1	1	1	
磁测	航磁工作程度图	1	1	1	
	地磁工作程度图	1	1	1	
	磁法推断地质构造图	1	1	1	
	航磁异常分布图	1	1	1	
	航磁 ΔT 等值线平面图	1	1	1	
	航磁 ΔT 化极等值线平面图	1	1	1	
	航磁 ΔT 垂向一阶导数等值线平面图	1	1	1	
化探	地球化学景观图	1	1	1	
	地球化学工作程度图	1	1	1	
	单元素地球化学图	39	39	39	
	单元素地球化学异常图	39	39	39	
	地球化学综合异常图	13	13	13	
	地球化学推断地质构造图	1	1	1	
重砂	省级自然重砂异常图	28	28	28	
遥感	遥感构造解译图	1	1	1	
	遥感异常组合图	1	1	1	
	1∶25 万遥感矿产地质特征解译图	19	19	19	
	1∶25 万遥感羟基异常分布图	19	19	19	
	1∶25 万遥感铁染异常分布图	19	19	19	
合计		234	234	234	

表 6-6-2　铁矿种成果汇总入库 GeoPEXDB001 清单

矿种	专业	种类	数据库	说明书	元数据	影像
铁矿	地质	预测工作区建造构造图	1	1	1	
		预测工作区变质建造构造图	10	10	10	
		预测工作区沉积建造构造图	2	2	2	
		预测工作区岩相古地理	2	2	2	
	成矿规律	典型矿床成矿要素图	11	11	11	
		预测工作区成矿要素图	13	13	13	
		省级图	2	2	2	
	矿产预测	典型矿床预测要素图	11	11	11	
		预测工作区预测要素图	13	13	13	
		预测工作区预测成果图	13	13	13	
		省级图	3	3	3	
	磁测	航磁 ΔT 等值线平面图	11	22	11	
		航磁 ΔT 化极等值线平面图	11	22	11	
		航磁 ΔT 化极垂向一阶导数等值线平面图	11	22	11	
		磁法推断地质构造图	11	22	11	
		磁异常范围分布图	12	24	12	
		磁法推断磁性矿产分布图	10	20	10	
	重力	重力工作程度图	11	22	11	
		布格重力异常图	11	22	11	
		剩余重力异常图(14km×14km)	11	22	11	
		重力推断地质构造图	11	22	11	
	遥感	典型矿床遥感矿产地质特征与近矿找矿标志解译	3	3	3	
		典型矿床遥感羟基异常分布图	3	3	3	
		典型矿床遥感铁染异常分布图	3	3	3	
		预测工作区遥感矿产地质特征与近矿找矿标志解译	13	13	13	
		预测工作区遥感羟基异常分布图	13	13	13	13
		预测工作区遥感铁染异常分布图	13	13	13	13
合计			239	349	239	26

表 6-6-3　铬矿种成果汇总入库 GeoPEXDB003 清单

矿种	专业	种类	数据库	说明书	元数据	影像
铬矿	地质背景	预测工作区侵入岩浆建造构造图	3	3	3	
	成矿规律	预测工作区典型矿床成矿要素图	1	1	1	
		预测工作区成矿要素图	3	3	3	
		省级图	2	2	2	
	矿产预测	典型矿床预测要素图	1	1	1	
		预测工作区预测要素图	3	3	3	
		预测工作区预测成果图	3	3	3	
		省级图	3	9	3	
	磁测	航磁 ΔT 等值线平面图	3	9	3	
		航磁 ΔT 化极等值线平面图	3	9	3	
		航磁 ΔT 化极垂向一阶导数等值线平面图	3	9	3	
		磁法推断地质构造图	3	9	3	
	重力	布格重力异常图	3	9	3	
		剩余重力异常图(14km×14km)	3	9	3	
		重力推断地质构造图	3	9	3	
	遥感	典型矿床遥感矿产地质特征与近矿找矿标志解译	1	1	1	
		典型矿床遥感羟基异常分布图	1	1	1	
		典型矿床遥感铁染异常分布图	1	1	1	
		预测工作区遥感矿产地质特征与近矿找矿标志解译	3	3	3	
		预测工作区遥感羟基异常分布图	3	3	3	3
		预测工作区遥感铁染异常分布图	3	3	3	3
	化探	单元素地球化学图	3	3	3	
		单元素地球化学异常图	15	15	15	
		地球化学综合异常图	3	3	3	
		地球化学找矿预测图	1	1	1	
	重砂	自然重砂异常分布图	3	3	3	
		自然重砂组合异常分布图	2	2	2	
合计			79	127	79	6

表 6-6-4　铜矿种成果汇总入库 GeoPEXDB004 清单

矿种	专业	种类	数据库	说明书	元数据	影像
铜矿	地质背景	建造构造图	6	6	6	
		侵入岩浆建造构造图	9	9	9	
		火山岩相建造构造图	7	7	7	
		变质建造构造图	1	1	1	
	成矿规律	典型矿床成矿要素图	10	10	10	
		预测工作区成矿要素图	23	23	23	
		省级图	2	2	2	
	矿产预测	典型矿床预测要素图	10	10	10	
		预测工作区预测要素图	23	23	23	
		预测工作区预测成果图	23	23	23	
		省级图	3	3	3	
	磁测	航磁 ΔT 等值线平面图	23	46	23	
		航磁 ΔT 化极等值线平面图	23	46	23	
		航磁 ΔT 化极垂向一阶导数等值线平面图	23	46	23	
		磁法推断地质构造图	23	46	23	
	重力	布格重力异常图	23	46	23	
		剩余重力异常图（14km×14km）	23	46	23	
		重力推断地质构造图	23	46	23	
	遥感	典型矿床遥感矿产地质特征与近矿找矿标志解译	1	1	1	
		典型矿床遥感羟基异常分布图	1	1	1	
		典型矿床遥感铁染异常分布图	1	1	1	
		预测工作区遥感矿产地质特征与近矿找矿标志解译	23	23	23	
		预测工作区遥感羟基异常分布图	23	23	23	23
		预测工作区遥感铁染异常分布图	23	23	23	23
	化探	单元素地球化学图	23	23	23	
		单元素地球化学异常图	175	175	175	
		地球化学综合异常图	23	23	23	
		地球化学找矿预测图	1	1	1	
	重砂	自然重砂异常分布图	10	10	10	
		自然重砂组合异常分布图	2	2	2	
合计			584	745	584	46

表 6-6-5　铅锌矿种成果汇总入库 GeoPEXDB005 清单

矿种	专业	种类	数据库	说明书	元数据	影像
铅锌矿	地质背景	预测工作区建造构造图	5	5	5	
		预测工作区火山岩相建造构造图	3	3	3	
	成矿规律	典型矿床成矿要素图	6	6	6	
		预测工作区成矿要素图	8	8	8	
		省级图	2	2	2	
	矿产预测	典型矿床预测要素图	6	6	6	
		预测工作区预测要素图	8	8	8	
		预测工作区预测成果图	8	8	8	
		省级图	3	3	3	
	磁测	航磁 ΔT 等值线平面图	8	16	8	
		航磁 ΔT 化极等值线平面图	8	16	8	
		航磁 ΔT 化极垂向一阶导数等值线平面图	8	16	8	
		磁法推断地质构造图	8	16	8	
	重力	布格重力异常图	8	16	8	
		剩余重力异常图（14km×14km）	8	16	8	
		重力推断地质构造图	8	16	8	
	遥感	典型矿床遥感矿产地质特征与近矿找矿标志解译	1	1	1	
		典型矿床遥感羟基异常分布图	1	1	1	
		典型矿床遥感铁染异常分布图	1	1	1	
		预测工作区遥感矿产地质特征与近矿找矿标志解译	8	8	8	
		预测工作区遥感羟基异常分布图	8	8	8	8
		预测工作区遥感铁染异常分布图	8	8	8	8
	化探	单元素地球化学图	16	16	16	
		单元素地球化学异常图	64	64	64	
		地球化学综合异常图	8	8	8	
		地球化学找矿预测图	2	2	2	
	重砂	自然重砂异常分布图	6	6	6	
		自然重砂组合异常分布图	4	4	4	
合计			232	288	232	16

表 6-6-6　镍矿种成果汇总入库 GeoPEXDB007 清单

矿种	专业	种类	数据库	说明书	元数据	影像
镍矿	地质背景	预测工作区变质建造构造图	1	1	1	
		预测工作区侵入岩浆建造构造图	8	8	8	
	成矿规律	典型矿床成矿要素图	5	5	5	
		预测工作区成矿要素图	9	9	9	
		省级图	2	2	2	
	矿产预测	典型矿床预测要素图	5	5	5	
		预测工作区预测要素图	9	9	9	
		预测工作区预测成果图	9	9	9	
		省级图	3	3	3	
	磁测	航磁 ΔT 等值线平面图	9	18	9	
		航磁 ΔT 化极等值线平面图	9	18	9	
		航磁 ΔT 化极垂向一阶导数等值线平面图	9	18	9	
		磁法推断地质构造图	9	18	9	
	重力	布格重力异常图	9	18	9	
		剩余重力异常图（14km×14km）	9	18	9	
		重力推断地质构造图	9	18	9	
	遥感	典型矿床遥感矿产地质特征与近矿找矿标志解译	2	2	2	
		典型矿床遥感羟基异常分布图	2	2	2	
		典型矿床遥感铁染异常分布图	2	2	2	
		预测工作区遥感矿产地质特征与近矿找矿标志解译	9	9	9	
		预测工作区遥感羟基异常分布图	9	9	9	9
		预测工作区遥感铁染异常分布图	9	9	9	9
	化探	单元素地球化学图	9	9	9	
		单元素地球化学异常图	53	53	53	
		地球化学综合异常图	9	9	9	
		地球化学找矿预测图	1	1	1	
	重砂	自然重砂异常分布图	8	8	8	
		自然重砂组合异常分布图	5	5	5	
合计			232	295	232	18

表 6-6-7　钨矿种成果汇总入库 GeoPEXDB008 清单

矿种	专业	种类	数据库	说明书	元数据	影像
钨矿	地质背景	预测工作区侵入岩浆建造构造图	1	1	1	
	成矿规律	典型矿床成矿要素图	1	1	1	
		预测工作区成矿要素图	1	1	1	
		省级图	2	2	2	
	矿产预测	典型矿床预测要素图	1	1	1	
		预测工作区预测要素图	1	1	1	
		预测工作区预测成果图	1	1	1	
		省级图	1	1	1	
	磁测	航磁 ΔT 等值线平面图	1	2	1	
		航磁 ΔT 化极等值线平面图	1	2	1	
		航磁 ΔT 化极垂向一阶导数等值线平面图	1	2	1	
		磁法推断地质构造图	1	2	1	
	重力	布格重力异常图	1	2	1	
		剩余重力异常图（14km×14km）	1	2	1	
		重力推断地质构造图	1	2	1	
	遥感	预测工作区遥感矿产地质特征与近矿找矿标志解译	1	1	1	
		预测工作区遥感羟基异常分布图	1	1	1	1
		预测工作区遥感铁染异常分布图	1	1	1	1
	化探	单元素地球化学图	1	1	1	
		单元素地球化学异常图	7	7	7	
		地球化学综合异常图	1	1	1	
		地球化学找矿预测图	1	1	1	
	重砂	自然重砂异常分布图	1	1	1	
合计			30	37	30	2

表 6-6-8 钼矿种成果汇总入库 GeoPEXDB0010 清单

矿种	专业	种类	数据库	说明书	元数据	影像
钼矿	地质背景	预测工作区建造构造图	1	1	1	
		预测工作区侵入岩浆建造构造图	6	6	6	
	成矿规律	典型矿床成矿要素图	8	8	8	
		预测工作区成矿要素图	7	7	7	
		省级图	2	2	2	
	矿产预测	典型矿床预测要素图	8	8	8	
		预测工作区预测要素图	7	7	7	
		预测工作区预测成果图	7	7	7	
		省级图	3	3	3	
	磁测	航磁 ΔT 等值线平面图	7	14	7	
		航磁 ΔT 化极等值线平面图	7	14	7	
		航磁 ΔT 化极垂向一阶导数等值线平面图	7	14	7	
		磁法推断地质构造图	7	14	7	
	重力	布格重力异常图	7	14	7	
		剩余重力异常图(14km×14km)	7	14	7	
		重力推断地质构造图	7	14	7	
	遥感	典型矿床遥感矿产地质特征与近矿找矿标志解译	1	1	1	
		典型矿床遥感羟基异常分布图	1	1	1	
		典型矿床遥感铁染异常分布图	1	1	1	
		预测工作区遥感矿产地质特征与近矿找矿标志解译	7	7	7	
		预测工作区遥感羟基异常分布图	7	7	7	7
		预测工作区遥感铁染异常分布图	7	7	7	7
	化探	单元素地球化学图	7	7	7	
		单元素地球化学异常图	56	56	56	
		地球化学综合异常图	7	7	7	
		地球化学找矿预测图	1	1	1	
	重砂	自然重砂异常分布图	6	6	6	
		自然重砂组合异常分布图	4	4	4	
合计			203	252	203	14

表 6-6-9　金矿种成果汇总入库 GeoPEXDB0011 清单

矿种	专业	种类	数据库	说明书	元数据	影像
金矿	地质背景	预测工作区建造构造图	16	16	16	
		预测工作区侵入岩浆建造构造图	3	3	3	
		预测工作区沉积建造构造图	1	1	1	
		预测工作区火山岩相建造构造图	9	9	9	
		预测工作区第四纪地貌地质图	1	1	1	
	成矿规律	典型矿床成矿要素图	22	22	22	
		预测工作区成矿要素图	30	30	30	
		省级图	2	2	2	
	矿产预测	典型矿床预测要素图	22	22	22	
		预测工作区预测要素图	30	30	30	
		预测工作区预测成果图	30	30	30	
		省级图	3	3	3	
	磁测	航磁 ΔT 等值线平面图	30	60	30	
		航磁 ΔT 化极等值线平面图	30	60	30	
		航磁 ΔT 化极垂向一阶导数等值线平面图	30	60	30	
		磁法推断地质构造图	30	60	30	
	重力	布格重力异常图	30	60	30	
		剩余重力异常图（14km×14km）	30	60	30	
		重力推断地质构造图	30	60	30	
	遥感	典型矿床遥感矿产地质特征与近矿找矿标志解译	7	7	7	
		典型矿床遥感羟基异常分布图	7	7	7	
		典型矿床遥感铁染异常分布图	7	7	7	
		预测工作区遥感矿产地质特征与近矿找矿标志解译	30	30	30	
		预测工作区遥感羟基异常分布图	30	30	30	30
		预测工作区遥感铁染异常分布图	30	30	30	30
	化探	单元素地球化学图	30	30	30	
		单元素地球化学异常图	216	216	216	
		地球化学综合异常图	23	23	23	
		地球化学找矿预测图	1	1	1	
	重砂	自然重砂异常分布图	30	30	30	
合计			790	1000	790	60

表 6-6-10　银矿种成果汇总入库 GeoPEXDB0012 清单

矿种	专业	种类	数据库	说明书	元数据	影像
银矿	地质背景	预测工作区建造构造图	4	4	4	
		预测工作区侵入岩浆建造构造图	2	2	2	
		预测工作区火山岩相建造构造图	3	3	3	
	成矿规律	典型矿床成矿要素图	8	8	8	
		预测工作区成矿要素图	9	9	9	
		省级图	2	2	2	
	矿产预测	典型矿床预测要素图	8	8	8	
		预测工作区预测要素图	9	9	9	
		预测工作区预测成果图	9	9	9	
		省级图	3	3	3	
	磁测	航磁 ΔT 等值线平面图	9	18	9	
		航磁 ΔT 化极等值线平面图	9	18	9	
		航磁 ΔT 化极垂向一阶导数等值线平面图	9	18	9	
		磁法推断地质构造图	9	18	9	
	重力	布格重力异常图	9	18	9	
		剩余重力异常图（14km×14km）	9	18	9	
		重力推断地质构造图	9	18	9	
	遥感	典型矿床遥感矿产地质特征与近矿找矿标志解译	2	2	2	
		典型矿床遥感羟基异常分布图	2	2	2	
		典型矿床遥感铁染异常分布图	2	2	2	
		预测工作区遥感矿产地质特征与近矿找矿标志解译	9	9	9	
		预测工作区遥感羟基异常分布图	9	9	9	9
		预测工作区遥感铁染异常分布图	9	9	9	9
	化探	单元素地球化学图	9	9	9	
		单元素地球化学异常图	77	77	77	
		地球化学综合异常图	9	9	9	
		地球化学找矿预测图	1	1	1	
	重砂	自然重砂异常分布图	9	9	9	
		自然重砂组合异常分布图	8	8	8	
合计			266	329	266	18

表 6-6-11 锑矿种成果汇总入库 GeoPEXDB0013 清单

矿种	专业	种类	数据库	说明书	元数据	影像
锑矿	地质背景	预测工作区侵入岩浆建造构造图	2	2	2	
	成矿规律	典型矿床成矿要素图	1	1	1	
		预测工作区成矿要素图	2	2	2	
		省级图	2	2	2	
	矿产预测	典型矿床预测要素图	1	1	1	
		预测工作区预测要素图	2	2	2	
		预测工作区预测成果图	2	2	2	
		省级图	1	1	1	
	磁测	航磁 ΔT 等值线平面图	2	4	2	
		航磁 ΔT 化极等值线平面图	2	4	2	
		航磁 ΔT 化极垂向一阶导数等值线平面图	2	4	2	
		磁法推断地质构造图	2	4	2	
	重力	布格重力异常图	2	4	2	
		剩余重力异常图(14km×14km)	2	4	2	
		重力推断地质构造图	2	4	2	
	遥感	典型矿床遥感矿产地质特征与近矿找矿标志解译	1	1	1	
		典型矿床遥感羟基异常分布图	1	1	1	
		典型矿床遥感铁染异常分布图	1	1	1	
		预测工作区遥感矿产地质特征与近矿找矿标志解译	2	2	2	
		预测工作区遥感羟基异常分布图	2	2	2	2
		预测工作区遥感铁染异常分布图	2	2	2	2
	化探	单元素地球化学图	2	2	2	
		单元素地球化学异常图	10	10	10	
		地球化学综合异常图	2	2	2	
		地球化学找矿预测图	1	1	1	
合计			51	65	51	4

表 6-6-12　稀土矿种成果汇总入库 GeoPEXDB0014 清单

矿种	专业	种类	数据库	说明书	元数据	影像
稀土矿	地质背景	预测工作区沉积建造构造图	1	1	1	
	成矿规律	典型矿床成矿要素图	1	1	1	
		预测工作区成矿要素图	1	1	1	
		省级图	2	2	2	
	矿产预测	典型矿床预测要素图	1	1	1	
		预测工作区预测要素图	1	1	1	
		预测工作区预测成果图	1	1	1	
		省级图	1	1	1	
	磁测	航磁 ΔT 等值线平面图	1	2	1	
		航磁 ΔT 化极等值线平面图	1	2	1	
		航磁 ΔT 化极垂向一阶导数等值线平面图	1	2	1	
		磁法推断地质构造图	1	2	1	
	重力	布格重力异常图	1	2	1	
		剩余重力异常图（14km×14km）	1	2	1	
		重力推断地质构造图	1	2	1	
	遥感	预测工作区遥感矿产地质特征与近矿找矿标志解译	1	1	1	
		预测工作区遥感羟基异常分布图	1	1	1	1
		预测工作区遥感铁染异常分布图	1	1	1	1
	化探	单元素地球化学图	5	5	5	
		单元素地球化学异常图	5	5	5	
		地球化学综合异常图	1	1	1	
		地球化学找矿预测图	1	1	1	
	重砂	自然重砂异常分布图	3	3	3	
合计			34	41	34	2

表 6-6-13　磷矿种成果汇总入库 GeoPEXDB0018 清单

矿种	专业	种类	数据库	说明书	元数据	影像
磷矿	地质背景	预测工作区构造岩相古地理图	1	1	1	
		预测工作区沉积建造构造图	1	1	1	
	成矿规律	典型矿床成矿要素图	1	1	1	
		预测工作区成矿要素图	1	1	1	
		省级图	2	2	2	
	矿产预测	典型矿床预测要素图	1	1	1	
		预测工作区预测要素图	1	1	1	
		预测工作区预测成果图	1	1	1	
		省级图	1	1	1	
	磁测	航磁 ΔT 等值线平面图	1	2	1	
		航磁 ΔT 化极等值线平面图	1	2	1	
		航磁 ΔT 化极垂向一阶导数等值线平面图	1	2	1	
		磁法推断地质构造图	1	2	1	
	重力	布格重力异常图	1	2	1	
		剩余重力异常图（14km×14km）	1	2	1	
		重力推断地质构造图	1	2	1	
	遥感	预测工作区遥感矿产地质特征与近矿找矿标志解译	1	1	1	
		预测工作区遥感羟基异常分布图	1	1	1	1
		预测工作区遥感铁染异常分布图	1	1	1	1
	重砂	自然重砂异常分布图	1	1	1	
合计			21	28	21	2

表 6-6-14 硫矿种成果汇总入库 GeoPEXDB0019 清单

矿种	专业	种类	数据库	说明书	元数据	影像
硫矿	地质背景	预测工作区建造构造图	1	1	1	
		预测工作区火山岩相建造构造图	1	1	1	
		预测工作区变质建造构造图	2	2	2	
		预测工作区沉积建造构造图	1	1	1	
		预测工作区岩相古地理	1	1	1	
	成矿规律	典型矿床成矿要素图	4	4	4	
		预测工作区成矿要素图	5	5	5	
		省级图	2	2	2	
	矿产预测	典型矿床预测要素图	4	4	4	
		预测工作区预测要素图	5	5	5	
		预测工作区预测成果图	5	5	5	
		省级图	3	3	3	
	磁测	航磁 ΔT 等值线平面图	5	10	5	
		航磁 ΔT 化极等值线平面图	5	10	5	
		航磁 ΔT 化极垂向一阶导数等值线平面图	5	10	5	
		磁法推断地质构造图	5	10	5	
	重力	布格重力异常图	5	10	5	
		剩余重力异常图(14km×14km)	5	10	5	
		重力推断地质构造图	5	10	5	
	遥感	典型矿床遥感矿产地质特征与近矿找矿标志解译	2	2	2	
		典型矿床遥感羟基异常分布图	2	2	2	
		典型矿床遥感铁染异常分布图	2	2	2	
		预测工作区遥感矿产地质特征与近矿找矿标志解译	5	5	5	
		预测工作区遥感羟基异常分布图	5	5	5	5
		预测工作区遥感铁染异常分布图	5	5	5	5
	重砂	自然重砂异常分布图	5	5	5	
合计			95	130	95	10

表 6-6-15 硼矿种成果汇总入库 GeoPEXDB0021 清单

矿种	专业	种类	数据库	说明书	元数据	影像
硼矿	地质背景	预测工作区变质建造构造图	1	1	1	
	成矿规律	典型矿床成矿要素图	1	1	1	
		预测工作区成矿要素图	1	1	1	
		省级图	2	2	2	
	矿产预测	典型矿床预测要素图	1	1	1	
		预测工作区预测要素图	1	1	1	
		预测工作区预测成果图	1	1	1	
		省级图	3	3	3	
	磁测	航磁 ΔT 等值线平面图	1	2	1	
		航磁 ΔT 化极等值线平面图	1	2	1	
		航磁 ΔT 化极垂向一阶导数等值线平面图	1	2	1	
		磁法推断地质构造图	1	2	1	
	重力	布格重力异常图	1	2	1	
		剩余重力异常图（14km×14km）	1	2	1	
		重力推断地质构造图	1	2	1	
	遥感	预测工作区遥感矿产地质特征与近矿找矿标志解译	1	1	1	
		预测工作区遥感羟基异常分布图	1	1	1	1
		预测工作区遥感铁染异常分布图	1	1	1	1
	化探	单元素地球化学图	1	1	1	
		单元素地球化学异常图	3	3	3	
		地球化学综合异常图	1	1	1	
		地球化学找矿预测图	1	1	1	
	重砂	自然重砂异常分布图	1	1	1	
合计			28	35	28	2

表 6-6-16　萤石矿种成果汇总入库 GeoPEXDB0022 清单

矿种	专业	种类	数据库	说明书	元数据	影像
萤石矿	地质背景	预测工作区建造构造图	2	2	2	
		预测工作区火山岩相建造构造图	1	1	1	
	成矿规律	典型矿床成矿要素图	3	3	3	
		预测工作区成矿要素图	3	3	3	
		省级图	2	2	2	
	矿产预测	典型矿床预测要素图	3	3	3	
		预测工作区预测要素图	3	3	3	
		预测工作区预测成果图	3	3	3	
		省级图	3	3	3	
	磁测	航磁 ΔT 等值线平面图	3	6	3	
		航磁 ΔT 化极等值线平面图	3	6	3	
		航磁 ΔT 化极垂向一阶导数等值线平面图	3	6	3	
		磁法推断地质构造图	3	6	3	
	重力	布格重力异常图	3	6	3	
		剩余重力异常图（14km×14km）	3	6	3	
		重力推断地质构造图	3	6	3	
	遥感	典型矿床遥感矿产地质特征与近矿找矿标志解译	1	1	1	
		典型矿床遥感羟基异常分布图	1	1	1	
		典型矿床遥感铁染异常分布图	1	1	1	
		预测工作区遥感矿产地质特征与近矿找矿标志解译图	3	3	3	
		预测工作区遥感羟基异常分布图	3	3	3	3
		预测工作区遥感铁染异常分布图	3	3	3	3
	化探	单元素地球化学图	3	3	3	
		单元素地球化学异常图	18	18	18	
		地球化学综合异常图	3	3	3	
		地球化学找矿预测图	1	1	1	
合计			81	102	81	6

第七节 集成数据库质量评述

集成数据库的基础是潜力评价成果数据库,而潜力评价成果数据库是按《全国矿产资源潜力评价数据模型》《全项目办 2010 年 35 号文"规定实施完成的,成果质量检查标准是按《全国矿产资源潜力评价资料性成果图件及属性库复核汇总技术方案》执行的,而且吉林省所预测的 16 个矿种(组)成果数据库在建设实施过程中,专题组严格按照中国地质调查局和吉林省地质调查院有关项目管理办法规定与要求,执行国家、行业标准,规范化地开展研究及建库工作,集成数据库建设按《省级矿产资源潜力评价综合信息集成专题汇总技术要求》严格执行,且质量检查贯穿工作始终。

一、入库前质量检查

在集成数据库建设前,对潜力评价成果进行检查,确保入库数据的数据量和质量。

1. 图件种类、数量检查

按吉林省基础编图和 16 个矿种(组)矿产资源潜力评价成果图件及属性库清单,对图件种类、图件数量进行检查核实,确保图件及属性库齐全。

2. 图件工程检查

依据数据模型规定,对图件计算机名称、图件中文名称、图层计算机名称、图层中文名称的正确性进行检查,确保图件工程中的图层顺序按图件输出时的图层顺序设置,图层压盖合理。

3. 图件投影参数检查

对图件的空间坐标参数进行检查,确保图件的空间坐标参数符合数据库模型要求。

4. 图层属性检查

对图层属性结构包括字段名称、字段长度、字段类型,以及属性值域进行检查,以确保符合数据模型规定。

5. 图件空间拓扑检查

对图件空间拓扑进行检查,包括结点正确性、套合一致性、拓扑一致性、重叠坐标等检查,以满足成果数据库的要求。

6. 系统库检查

对图件使用的系统库进行检查,以保证图面显示内容正确,应使用全国项目办规定的统一系统库。

二、入库后质量检查

矿产资源潜力评价成果集成数据库建设完成后,对数据库进行质量检查,确保数据库质量,以满足数据库应用的需要。

1. 入库图件数量检查

依据矿产资源潜力评价成果图件及属性库清单,对入库图件种类、数量进行检查,确保成果数据全部导入库中。

2. 入库图件质量检查

对图件内容、图层内容、数据项内容的正确性进行检查,图层、数据记录、数据项不缺失,确保入库数据质量。

3. 入库附件检查

对入库附件的数据量及内容进行检查,附件与图件一致性检查,以确保附件与图件挂接正确。

通过上述质量检查工作,矿产资源潜力评价成果全部入库,集成数据库符合全国矿产资源潜力评价数据模型要求,空间坐标系统正确、结构规范、建库工作方法与流程及技术路线正确,空间数据库具有较好的数据基础与空间精度,图层划分正确、代码准确、入库内容正确,图件、图层、数据记录、数据项完整,入库质量得以保证。

三、集成数据库系统使用说明

集成数据系统支持基于本地、局域网、广域网分布式管理,实现省级矿产资源潜力评价图件、报告、编图说明书、元数据等一体化管理,可按专业、矿种、图件类型、图层分类、空间范围、图元属性等多种方式浏览、查询、检索图件、图层、图元、属性及相关文档,对检索结果进行导出,辅助综合编图等应用。主要功能包括:① 数据库注册、查询方案配置、环境设置;② 用户管理、权限分配;③ 投影转换(批量转换等);④ 图件入库;⑤ 图件、图层、图元及属性浏览、查询、检索;⑥ 检索结果导出;⑦ 数据维护;⑧ 数据库备份、数据库恢复、数据库迁移等。

第七章 矿产资源潜力评价成果应用与服务简介

第一节 成果数据库应用与服务简述

矿产资源潜力评价工作是对现有资料进行的一次综合分析和总结,对各矿种的成矿规律及矿产的分布规律进行了详细研究,圈定了Ⅳ、Ⅴ级远景区和各矿种未来勘查工作部署区,对各矿种矿产储量做了预测,形成了大量的地质背景、成矿规律、矿产预测、磁测、重力、化探、遥感及重砂成果资料,其中包括文字资料和图件数据库资料,为今后的地质工作奠定了基础。

吉林省矿产资源规划、吉林省找矿行动战略纲要、吉林省钼矿专项规划、吉林省国土资源"一张图"工程、吉林省矿产资源利用现状调查、整装勘查选区、矿产勘查选区及矿权设置等其他地质工作都直接或间接利用了矿产资源潜力评价成果。如和龙地区铁矿整装勘查项目利用了潜力评价成果部署了工作,并且进行钻探工作,见到了矿层。

第二节 成果数据库应用与服务实例

矿产资源潜力评价工作已结束,后期的服务工作已步入正轨,在实际工作中,只要对矿产资源潜力评价成果资料有需求且符合资料保密相关规定的,我们就会尽力提供相应的资料,满足要求,来体现矿产资源潜力评价工作的意义——为制定中长期发展规划和矿产资源战略提供依据。

矿产资源潜力评价工作为"吉林省老岭成矿带金铜及多金属整装勘查"项目提供了重力、航磁、化探资料。

"吉林省老岭成矿带金铜及多金属整装勘查"项目前期编写设计时,综合信息组为该项目组提供了老岭地区矿产资源潜力评价成果资料,包括剩余重力异常、航磁异常以及金铜等单元素化学异常图(图7-2-1、图7-2-2),为项目组提供了立项依据。

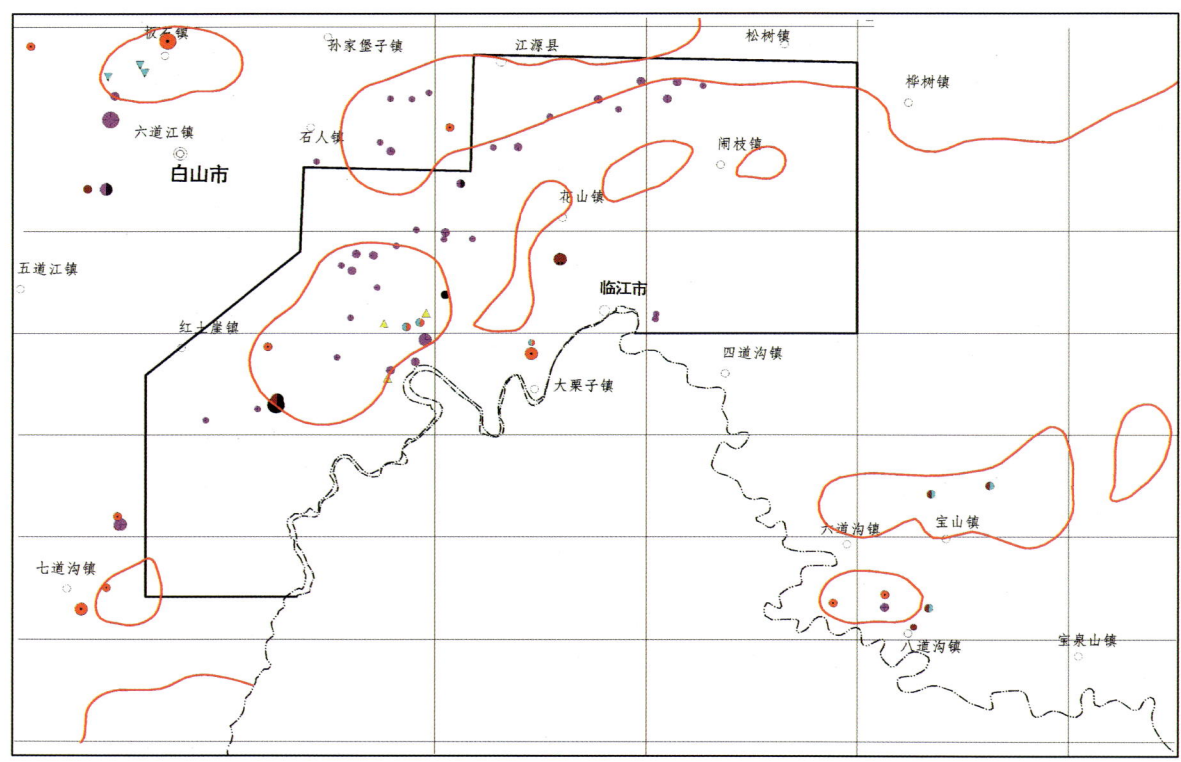

图 7-2-1　综合信息组提供的老岭地区物探异常图

图 7-2-2　综合信息组提供的老岭地区化探异常图

第八章 结 语

第一节 主要工作成果

吉林省矿产资源潜力评价综合信息集成工作取得的成果包括基础地学数据库更新与维护、专题属性数据库建设、成果集成数据库建设。

一、基础地学数据库更新与维护

根据吉林省矿产资源潜力评价工作的需要，吉林省矿产资源潜力评价综合信息集成专题组对已有的吉林省矿产地数据库、工作程度数据库、1∶20万地质图空间数据库3个数据库进行了更新与维护。

二、专题属性数据库建设

按照全国矿产资源潜力评价项目组下达的任务要求，结合吉林省的矿产资源情况，吉林省对铁矿、金矿、铜矿、铅矿、锌矿、钨矿、锑矿、稀土矿、磷矿、镍矿、钼矿、银矿、铬矿、硫铁矿、萤石矿、硼矿、煤炭共17个矿种开展了矿产潜力评价工作。综合信息集成专题组依据全国矿产资源潜力评价项目办公室下发的《全国矿产资源潜力评价数据模型》，应用与数据模型配套的软件GeoMAG和GeoTOK，结合MapGIS软件建设完成了矿产资源潜力评价各矿种成果数据库，共完成数据库3217个、不建库图件1171张、遥感影像图158幅。

三、成果集成数据库建设

按全国重要矿产资源潜力评价综合信息集成项目组下发的《省级矿产资源潜力评价资料性成果集成建库技术指南》，使用省级矿产资源潜力评价资料性成果集成建库管理系统GeoPEX，开展了吉林省矿产资源潜力评价资料性成果集成数据库建设工作。吉林省矿产资源潜力评价资料性成果集成数据库主要包括吉林省矿产资源潜力评价成果数据库、成果数据库说明书、成果数据库元数据及遥感影像图和各专题成果报告。

第二节 存在的问题及建议

吉林省矿产资源潜力评价项目经过7年对吉林省原有各专业资料进行潜力综合研究与整合，形成了地质背景研究、成矿规律研究、矿产预测研究、磁测资料应用、重力资料应用、化探资料应用、遥感资料应用、重砂资料应用共计3217个数据库及一定数量的过渡图件，且圈定了16个矿种成矿远景区。为今后工作奠定了坚实的基础。

特别是经过后期的数据库汇总、省级汇总软件 GeoPEX 的研发,今后技术人员等查阅资料将更方便、快捷,且有一定针对性地查询资料。GeoPEX 软件可以"从数据库中,检索并浏览指定图件";"从数据库中,检索满足属性条件的图层";"从数据库中,检索满足属性条件的图元";"从数据库中,检索满足空间条件的图件";"从数据库中,检索满足空间条件的图层";"从数据库中,提取并浏览图元的属性"。希望今后各单位在进行综合研究和立项工作中时,充分利用矿产资源潜力评价成果,使其发挥更大的作用。

参考文献

中国地质调查局发展研究中心. 全国矿产资源潜力评价数据模型成矿区带分区代码规定分册[M]. 北京:地质出版社,2009.

中国地质调查局发展研究中心. 全国矿产资源潜力评价数据模型空间坐标系统及其参数规定分册[M]. 北京:地质出版社,2009.

中国地质调查局发展研究中心. 全国矿产资源潜力评价数据模型统一图例规定分册[M]. 北京:地质出版社,2009.

中国地质调查局发展研究中心. 全国矿产资源潜力评价数据模型统一图式规定分册[M]. 北京:地质出版社,2009.

中国地质调查局发展研究中心. 全国矿产资源潜力评价数据模型元数据规定分册[M]. 北京:地质出版社,2009.

中国地质调查局发展研究中心. 全国矿产资源潜力评价数据模型编图说明书提纲分册[M]. 北京:地质出版社,2009.

中国地质调查局发展研究中心. 全国矿产资源潜力评价数据模型地理信息分册[M]. 北京:地质出版社,2009.

中国地质调查局发展研究中心. 全国矿产资源潜力评价数据模型大地构造分区代码规定[M]. 北京:地质出版社,2009.

左群超,杨东来,冯艳芳,等. 成矿地质背景研究数据模型[M]. 北京:地质出版社,2011.

左群超,杨东来,赵汀,等. 矿产预测研究数据模型[M]. 北京:地质出版社,2011.

左群超,杨东来,陈郑辉,等. 成矿规律研究数据模型[M]. 北京:地质出版社,2011.

左群超,杨东来,张明华,等. 重力资料应用数据模型[M]. 北京:地质出版社,2011.

左群超,杨东来,黄旭钊,等. 磁测资料应用数据模型[M]. 北京:地质出版社,2011.

左群超,杨东来,吴轩,等. 化探资料应用数据模型[M]. 北京:地质出版社,2011.

左群超,杨东来,于学政,等. 遥感资料应用数据模型[M]. 北京:地质出版社,2011.

左群超,杨东来. 重砂资料应用数据模型[M]. 北京:地质出版社,2011.

左群超,杨东来,冯艳芳,等. 数据项下属词规定(上册)[M]. 北京:地质出版社,2011.

左群超,杨东来,冯艳芳,等. 数据项下属词规定(下册)[M]. 北京:地质出版社,2011.

左群超,杨东来. 全国矿产资源潜力评价数据模型通用代码规定[M]. 北京:地质出版社,2011.

左群超,杨东来,李景朝,等. 自然重砂资料应用数据模型[M]. 北京:地质出版社,2013.